自分の終《しま》い方

元気なうちに選ぶ“終《つい》のすみか”

ワッツコンサルティング株式会社 代表
高橋寛美
HIROMI TAKAHASHI

SOGO HOREI PUBLISHING CO., LTD

はじめに

私は、自動車会社や携帯電話事業会社などでの勤務を経て独立し、２００１年にコンサルティング事業を始めました。製造業、サービス業、公的機関など、多業種に渡ってお客様のお手伝いをして参りました。

その中でも、高齢者・介護事業には創業当初から携わっており、最も長く関わっています。

介護事業所などでは、福祉の観点からか、あまり企業としての利益などを追求しようとしない傾向があります。しかし、経営が優れていなければ、質の高い介護サービスも継続できません。そうした点から、私はこの分野へのコンサルティングの必要性を強く感じています。

そして、入居者募集に関わり、多くの入居検討者や入居者の方々にインタビューを重ねるうちに、「幸せに暮らしていただきたい」という気持ちを強く持つようになりました。

幸せに暮らすためには、まずは老後を迎える本人が、自ら考え、早めに準備することが何よりも大事です。介護が必要になったり、配偶者が亡くなったり、ある日突然いままでと同じ日常が送れなくなってしまう。そうなってから考えるのではなく、早い段階で自分の老後をどのように過ごすのかを決めておかなければならないのだと思いました。そうした意味で、本書のタイトルを〝自分の終《しま》い方〟としました。

本書では、私がコンサルティングをさせていただいている介護付有料老人ホーム「ゆうゆうの里」の事例が出てきます。詳しくは本書を通してお話ししていきますが、「ゆうゆうの里」は自立（人の手を借りずとも生活できる）のうちに入居でき、そこで最期まで暮らすことのできる〝終《つい》のすみか〟です。

こうした施設の在り方は、〝自分の終い方〟という問題に、一つの解決策を提供しています。調べていくと、いまから40年以上も前、民間からこのようなビジネスモデルが生まれたことが分かりました。これは画期的な出来事です。

日本社会は、人類未経験の超高齢社会を迎えています。

２０１５年の平均寿命は、男性80・75歳、女性は86・99歳（厚生労働省「第22回生命表」より）。今後も伸びることが予想され、２０６５年には男性84・95歳、女性91・35歳になるという試算結果が出ています（内閣府「平成29年版高齢社会白書」より）。

人生90年、あるいは１００年も現実的になりつつあります。この変化は、私たちに大きな不安感を与えています。その原因はどこにあるのでしょう。

一つは、仕事を辞めてからの長い老後を、蓄えや年金で食べていけるかという問題です。「老後には1人５０００万円が必要」だと聞くと、多くの人が心配になります。それほどの退職金をもらえる人はわずかでしょうし、少子化などによる年金の財源問題も不安です。

高齢化と併せて議論されることの多い少子化は、働いていない人を支える労働人口が少なくなることを意味します。１９８５年には、65歳以上の高齢者１人を約６・６人の働き手で支えていたものが、２０１６年には、２・２人で支えなければならなくなりました（内閣府「平成29年版高齢社会白書」より）。65歳以上の人を非生産人口と捉える限り、高齢者の支え手は今後も減り続けることになります。

かつての老後のモデルそのものが成り立たなくなりつつあるのです。本書を手に取ってくださった方も、こうした危機感を持たれているのではないでしょうか。

ただし、ここで声を大にして言いたいのは、長寿化は本来歓迎すべきことだという真実です。長く続く平和と、人類の叡智の結集である医学や経済の発展なしには成し遂げられなかったはずです。誰もが望んだことの結果としての長寿化なのです。

人生が長くなれば、有意義な人生を形づくるチャンスが広がります。

社会的義務や責任から解放され、自分のやりたいことを自由にできる期間も長くなります。引退後に、第二の人生として新しいことにチャレンジできるチャンスも多くなります。あるいは、お世話になった人に恩返しをできる時間も、大切な人と暮らす時間も長くなります。

老後は〝人生のプライムタイム〟となる期間なのです。

私たちが、老後に影ばかりを感じるのは、何が待ち受けているかがよく見えないからです。漠然とした不安だけを感じて、具体的な課題が見えてこないのです。問題解決に必要なのは、まずは正しい情報を集め、現状を掴むことです。現実の不安に目を向けるのは大変なことですが、将来待ち受けている不安要素をしっかり理解し、準備することができれば、〝豊かな老後〟を送ることができます。

本書では、まず第1章で老後のポジティブな部分に光を当て、理想の老後について考えます。

そうした老後を実現するためには、長寿化がもたらす社会的な不安や、あなた自身にとっての課題を分析することが必要です。こうした内容を第2章、第3章でお話ししていきます。

続く第4章では、読者のみなさんにどのような老後を過ごしていくかを考えていただくために、いくつかの人生設計を考えます。

そして老後の問題を突き詰めていくと、〝どこで過ごすか〟が重要な要素になっていきます。自分の理想の老後にふさわしい場所はどこなのか、どのように選んでいけばいいのか。その手助けとなる内容を第5章でお話しして、締めくくりたいと思います。

また、お話ししていく中で、「要介護1」「要介護2」といった要介護度の区分や、各高齢者施設の名称などを挙げていく部分があります。これらの分類は非常に複雑で、一つひとつ理解していこうとすると大変です。本書ではざっくりとした全体像を掴み、必要に応じてインターネットなどで調べてみてください。

あなたは、90年、100年と続く長寿を喜べる人になりたくありませんか？　私は、生きて、生き抜いて、この世に生まれて良かったという思いで一生を送りたいと思います。

長寿化をポジティブに捉えるか、ネガティブに捉えるかで、老後は姿を変えていきます。まさに本人次第。〝豊かな老後〟を過ごして悔いなく人生を全うするための、「自分の終い方」をご一緒に考えていきましょう。

Contents／目次

編集協力　堀　容優子
装丁　市川さつき（ISSHIKI）
本文デザイン　中西啓一（panix）
DTP・図表　横内俊彦

第1章

老後は人生のプライムタイム

老後も変わらない〝人としての欲求〟

マズローの欲求5段階説

「はじめに」でもお話しした通り、老後は恐れるだけの期間ではありません。しっかりと準備すれば、豊かで楽しい暮らしを送ることができます。確かに体力の衰えなどでできなくなることは増えていきますが、だからといって何かを我慢しなければいけないということではないのです。

突然ですが、「マズローの欲求5段階説」をご存知でしょうか。

アメリカの心理学者であるアブラハム・マズローが提唱した理論で、「人間は自己実現に向かって絶えず成長する生きものである」という仮定のもと、「欲求は5

図1　マズローの欲求5段階説

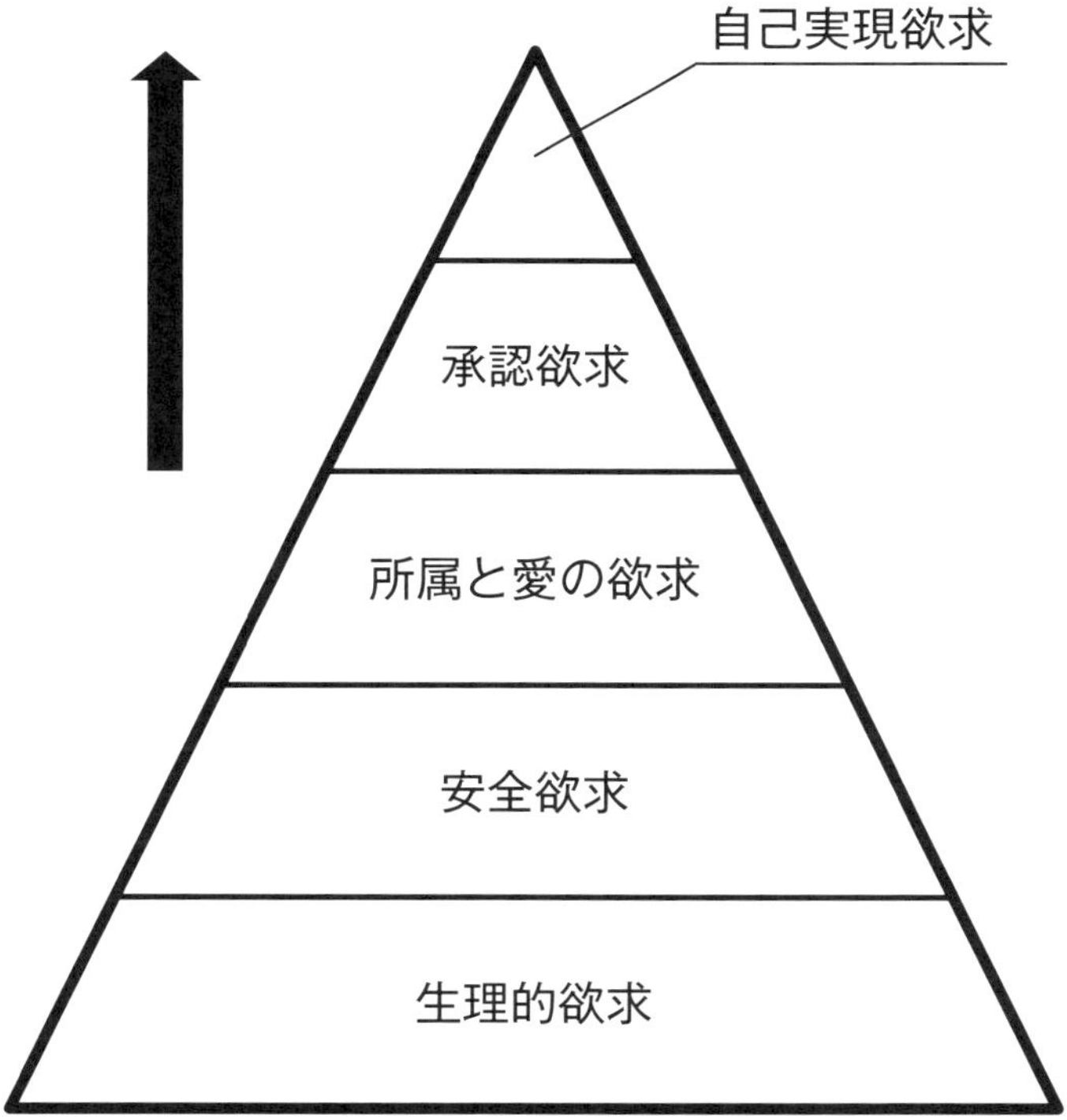

段階のピラミッドのように構成されていて、低い階層の欲求が満たされると、より高い階層の欲求を欲するようになる」と説明されているものです。

私は心理学については門外漢ですので、専門的な考察ができるわけではありませんが、この「自己実現」を目指すことが本来の人としての在り方であり、人生を豊かにするものだと思います。

そして、理想の老後を考えるために、そこに「何歳になっても」と付け加えたいものです。

人は何歳になっても自己実現を目指す生き物であり、そのためには、低い階層の欲求を満たす必要がある。加齢や体の衰えによってそれらが阻まれてはならないということです。

まずは安全欲求を満たす環境を

今日の日本であれば、食べたい、飲みたい、寝たいなどといった、「生理的欲求」が脅かされることは少ないでしょう。介護制度は充実しており、認知症になって自分で食事ができなくなっても、最低限の暮らしは支えてもらえます。

しかし、その一段階上の「安全欲求」はどうでしょうか。

安全欲求には、経済的安定性、健康状態の維持、暮らしの水準、事故の防止など、予測可能で秩序立った状態を得ようとする欲求があるといいます。

人は安全が脅かされる実感があれば、その解決のためにいくら払ってもよいと考えます。

他国からミサイルが飛んでくることが確実になれば、誰もがシェルターを作るのではないでしょうか。もっと日常的なことに目を転じると、例えばダニを退治する布団クリーナーが飛ぶように売れています。これは、気管支ぜんそくや皮膚炎を引き起こす、ダニの死骸などの脅威を認識した人が買っているのです。ハウスダストによって、自分の安全が脅かされると認識しているわけです。

それほどまでに、人の安全欲求は強いのです。

老後に視点を移すと、認知症や脳梗塞などの病気や、不慮の事故に対するセーフティネットも安全欲求を満たすために必要であるといえます。

私たちがその必要性をいま一つ実感できないのは、「現在の危機」ではないからです。目の前の小さな危機には敏感なのに、将来の大きな危機のことはあまり気になりません。しかし、確実に待ち受けている危機なのです。

もちろん早い段階で将来の危機が見える人もいます。

私がコンサルティングをさせていただいている「ゆうゆうの里」のご入居者様の中で、入居時の年齢が平均より若い方にアンケートを取ると、やはり早い段階から、自分たちの将来に不安を感じていることが分かります。「漠然とした不安」というよりは、「将来の危機」に対するイメージをしっかり持っておられるのだと思います。入居の動機は、安全欲求の危機の解決にあるわけです。

まずは、この安全欲求を満たす環境が保証されなければなりません。

自分に関心を持ってくれる存在

「安全欲求」の上層にあるのは、「所属と愛の欲求」、社会的に必要とされたい、孤独感を感じないように他者と親密な人間関係を持ちたいという欲求です。

これもリタイア後に社会との繋がりが薄れてくることで、さまざまな問題が出てきます。

仕事を引退して、ほかに関係性を持っていないと、外に出ることも少なくなるでしょう。元気なうちは友達と積極的に会うこともできますが、体力が衰えてくればそれも難しくなります。家に引きこもる生活が生活不活発病に繋がり、感情的にもさらに消極的になっていきます。

そこで、自分への関心を持ってくれる存在が周囲にいれば、どれだけ嬉しいことか。

私の母が介護施設に入居していたとき、体調を崩して救急車で運ばれたことがありました。介護が必要な高齢者が一旦大きく体調を崩すと、多くの場合で長期入院となってしまいます。一定期間を超えて部屋を空けてしまうため、同じ施設に戻れなくなる場合がありますが、母は幸いにも、大事に至ることなく短期間で帰ってくることができました。

母の退院の日、驚くような出来事がありました。

母が施設に戻ると、お世話になっているスタッフが喜んでくれたのはもちろんのこと、ほかの入居者の方々も「よく帰ってきた。よく帰ってきた」と、泣きながら出迎えてくれたのです。みんな自分のことのように心配して帰りを待ってくれていました。それまではちょっと気が合わなくて、あまり親しくない方もいたそうですが、その方も涙を流して喜んでいました。

一つの共同体なのでしょう。もし母が逆の立場だったとしても、同じように喜んだはずです。

施設には、別々の人生を歩んできた人たちが集まっています。年齢も違えば住んでいた場所も違います。しかし、同じ介護施設にお世話になる立場で、お互いを思いやる感情が芽生えていたのでしょう。彼女たちが喜び合う姿を見て、「こんなに強い繋がりを持てるのか」と感銘を受けました。

人は一人で生きているのではありません。気に掛けてくれる、励ましてくれる、誘ってくれる。そうした存在がいるということは、やはりとても大切なのだと思います。

認知症になっても一人の人間

「承認欲求」は誰かに認められたい、尊敬されたいという欲求です。

ある施設の入居者は、とても明るい性格で、みんなの世話役として誰からも頼られる存在でした。

しかし、認知症を発症してだんだんと自分の役割をこなせなくなってしまいました。そのことに絶望したこともあってか、認知症の症状がどんどん進み、自分のことさえ、何もできなくなっていく現実に苦しんでいました。

そこでスタッフたちは、その方に昔の笑顔を取り戻してほしいと願い、どんな環境をつくればよいか考えました。

そうはいっても難しいことではありません。その一つは、朝の体操で、彼にラジオカセットを用意する役割をお願いすることでした。そうすると、周囲の人たちは「いつも、ありがとう」と、自然と感謝の気持ちを伝えます。昔の気持ちがよみがえってくるのでしょう。この方は少しずつ明るくなっていきました。どんな状況になっても、誰にも、認められたいという感情はあるのです。

また別の入居者は、以前、書道の先生をしておられました。

入居者たちの間で書道のサークルが出来ることになって、当然自分が責任者になると思っていました。しかし、こちらも認知症の症状が出てきたことで、その役割を任せてもらえませんでした。そのことがとてもショックだったのでしょう。以降、自室に閉じこもるようになってしまいました。

事態を重く見たスタッフたちは、「みんなに教えてあげて」と彼女に筆を持ってもらう機会をつくりました。するとさすがに書道の師範をされていた方です。体に染みついた記憶というのでしょうか、実に立派な作品を書きました。そうしてみんなに「すごい、すごい」と褒められることで、ようやく、自分を取り戻すことができました。

こうした例は実にたくさんあります。どれだけ高齢になっていても、認知症で周囲から見れば何を考えているのか分からないような状態になっても、一人の人間として認めてほしいという欲求は、変わらずあるのです。

自己実現をあきらめない

そして最上層にあるのは「自己実現欲求」です。

自己実現とは何か。さまざまな解釈があると思いますが、ここでは「自分本来の、ありのままの姿を体現すること」と考えたいと思います。

「ゆうゆうの里」に入居されて30年以上になる、ある女性のお話です。

入居当初より、時折別の高齢者施設へボランティアに出掛けたり、ご主人とお二人でほかのご入居者様の車椅子を押して散歩へ出掛けたりと、積極的に人のお手伝いをされていました。ご主人からは、「ボランティアはあなたの趣味だね」と言われていたそうです。

しかしあるときご主人が体調を崩され、身の回りのお世話のため、1年間ほどボランティアをお休みされました。

ご主人が他界された後、ぽっかりと時間が空いてしまったそうです。

前向きに、「自分の時間が持てる」「趣味をしよう」と思われたそうですが、趣味をするにしても少しでも人の役に立つことがいいと考え、ボランティアに本腰を入れるようになりました。現在は週2日、近くの特別養護老人ホームへボランティアに行かれています。

年も近いせいか、その施設の利用者の方々との昔話にも花が咲きますし、時には相談を受けることもあります。彼女のことをみんなが心待ちにしていて、彼女が急用で来れないとなれば、予定を変える人もいるほどです。孫世代の職員の方たちからもおばあちゃんのように慕われています。

「みんなが楽しみにしてくれていることがいちばん嬉しい。動けるうちは人の役に立ちたいと思っています。これが私の生き甲斐であり、楽しみにもなっています。元気でいられるのも、この仕事があるからだと思っています」とおっしゃっていました。

ご主人に「趣味だ」と言われたほどに好きなことをして、人の役に立ち、自分の人生をも充実させている。彼女の姿は、理想的な自己実現の一つのかたちではないでしょうか。

年を重ねることで、５段階の欲求のどこかが崩れてしまうことがあります。認知症になれば安全欲求は満たされない危険が出てきますし、介護を受けなければ生理欲求も脅かされます。

しかし、誰かの手助けを受けることで、それらの欲求は満たされます。励ましの言葉があれば、自己実現に向けて一歩を踏み出せることがたくさんあります。その可能性を知らないまま人生を終えるのは、あまりにもったいないことではないでしょうか。

老後は人生の〝おまけ〟ではない

「引退」も「老後」も人生の与件に過ぎない

人生は、大きく三つのステージに分けられるように思います。

まず、生まれて、成長し、学校でさまざまなことを学んでいく「教育ステージ」。社会に出て、一人の大人として働く「仕事ステージ」。そして第二の人生ともいわれる「引退ステージ」です。

仕事ステージまでの人生は上り坂です。

将来のために学び、学業やスポーツで自らの力を高めていく。暮らしを豊かにするために、昇進や昇給を目指して頑張っていく。結婚や出産で家族が増えれば、社会的責任も増していく。

もちろん、その道のりにはたくさんの困難もあるでしょう。経済的に困ること もあるかもしれませんし、家族のことで悩むかもしれません。そうした困難を乗り越えながら、明るい未来を目指していきます。

まさに、日の当たる坂を、汗をかきながら登っていくイメージではないでしょうか。

対して、引退ステージは下り坂です。

収入も社会的地位もピークを極めたところから下っていきます。体力も知力も少しずつ衰えていきますし、子どもが独立すれば、家族の数も減っていきます。

そうした点から、多くの人が「年を取る」ということに、否定的な見方をします。みんな「長生き」はしたいけれど、年は取りたくないのです。

ただし、ここで強くお伝えしたいのは、生まれてから死ぬまでの人生を生きる一人の人間にとっては、「引退」も「老後」も自分の人生の与件に過ぎないということです。

老後は人生の〝おまけ〟ではありません。頑張った人生のご褒美でもない。いままで生きてきた時間と何ら変わりのない、〝人生の本番〟です。不安要素が待ち受けていることを認めた上で、それでも自分の生き方をどうするのかを考えることが大事なのです。

私たちは、どのような条件や環境であっても、生きていかなければいけません。残された人生をポジティブに捉えるか、ネガティブに考えるかによって、どんな老後になるのかが決まっていきます。

かつての栄光が忘れられず、老いた自分を嘆く。あるいは過去の決断を後悔しながら生きる。こうした生き方は、いまの自分の不幸を年齢や体力の衰えのせいにしているに過ぎません。

そして環境が変わることだけを望んでいる。周囲が変わることだけを期待して、自分は変わろうとしない生き方です。

このような姿勢では、不満が増長されて、愚痴が増えていきます。他人の愚痴を聞くのも嫌なものですが、愚痴は自分の元気をも奪っていきます。

いまの自分をありのままに認めて、そこにポジティブな部分を見出し、自分自身を変えていく。それこそが、主体的な生き方だといえるのではないでしょうか。

年を重ねなければできないこともある

年を重ねるに連れて不安なことが増えていくのは事実ですが、その反面、年を取ってからのほうが上手にできるようになったこともあるのではないでしょうか。年齢を重ねたいまの自分と、若い頃の自分を比較してみましょう。

私自身も引退後の生活を考える年になり、年を重ねることのポジティブな部分を日々実感しています。

例えば、判断力が豊かになったこと。

難しい問題を解決し、苦境を乗り越えた数々の経験が、自分の判断力を養っているように思います。若い頃は力に任せてぶつかっていたことでも、状況を鑑《かんが》みてうまく処理することができるようになったということは、誰にでもあるのではないでしょうか。

手痛い失敗も、その後のとんでもない苦労も、いまの人生に生かされています。勉強すれば分かる理屈だけでは、現実の問題は解決できません。そこで武器になるのは、過去の経験なのです。

また、人間関係の豊かさもあります。

自分一人ではどうにもならないことも、誰かの力を借りることで何とか乗り越えられるということは多々あります。

そうした人脈は、長い時間をかけてこそ築き上げられるものです。いま友人を増やしたいと思っても、すぐにできるものではありません。出会いを大切にし、お互いの信頼を重ねていくことで、関係が成熟していく。若い頃は、とかく人間関係を損得で考えてしまいがちですが、年を取ればそういうこともなくなります。

それに、共感力も付いてきます。

年を取ると涙もろくなるといいます。私も最近映画やドラマ、他人の苦労話などでも、やたらと泣くようになりました。これは「ミラーニューロン」という脳の仕組みによるものだそうです。ミラーニューロンは、鏡に映る自分が自分と同じ行動を取るように、相手の行動を見て同じ行動を取るように反応します。同様に、感情も相手と同じように受け取る働きがあるそうです。

他人への共感ができるということは、優しくなるということでもあるのだと思います。我《が》を出さずに相手の状況を理解しようとする。その上で自らの経験とも照らし合わせて、共に解決策を図る。これは若い頃にはなかなかできなかったことです。

時間が経つ、老いるということは、誰にとっても平等で、仕方のないことです。しかし、ポジティブな面を捉え直すことで、年を取るということが決して悪いことばかりではないということが分かるのではないでしょうか。

老後は毎日が忙しい

以前、事業で成功した友人がこんなことを言っていました。

「経済的にもますます成功し、子どもも独立して手が離れた。これからが人生のプライムタイムだ。少し生まれた余裕を将来のために生かしたい」

この言葉には、長年の責任や苦労から解放されて、自分のために何かに挑戦することができるようになった環境に対する喜びが滲んでいました。

そうしていつかはやってみたいと思っていたサックスを始めたそうです。いまでは、週1回の指導を受けるのを楽しみにしています。

新しい挑戦は、老後の大きな活力になるようです。「ゆうゆうの里」のご入居者様の中にも、多彩な趣味を相当なレベルにまで極めている方が多くおられます。麻雀、囲碁、将棋はもちろん、ダンスやゴルフ、絵画などなど。入居してから始めたカメラでコンテスト入賞を果たした方もいます。

夢中になるのは、趣味に限りません。市の観光ボランティアガイドに熱心な方もいれば、友人との他愛もないおしゃべりがとにかく楽しいという方もいます。そこには、老後に生まれた時間を使って、新たな生き甲斐を見つけている姿があります。

そうした生き甲斐を見いだす上で大切なことは、年齢を重ねても学び直す姿勢を持ち続けることだと思います。あるご入居者様は、入居してから「一坪農園」を始め、土いじりや野菜の育て方を積極的に先輩に聞いていました。いまさらやっても無駄と感じたり、人に教えを乞うことを嫌がったりせずに、学ぼうとし続けることは、とても大事なのだと思います。

「老人ホームでは他人が世話してくれるから、自分の頭を使わなくなって、すぐにボケてしまうのでは」と考える人もいるかもしれませんが、自由になった時間に生き甲斐を見出すことのできた方々は、「毎日が忙しい、あっという間に時間が経ってしまう」と口を揃えます。むしろ、自宅で暮らす人よりも活動的で、元気に暮らせる期間は長くなっているのではないかと感じます。

本来、「動かない」ということは、人間にとって大きな危機のはずです。家にこもってテレビを見ているだけでは、周囲からの刺激がなく脳は働きません。当然体力も衰えていきます。

目の前の生活の中に楽しみや生き甲斐があれば、自然と体も脳も動くようになっているのではないでしょうか。何かの目標に向かって前向きに活動している。それが人間の本来の姿なのだと思います。

どんな老後を過ごしたいか

「ゴルフ、ゴルフ、パーティー」

ここからは、よりポジティブに、私たちが目指すべき老後について考えてみましょう。最後まで、日々の生活そのものを楽しみ、人生を全うすることができる。そんな老後を、私は〝豊かな老後〟と表現しています。

まずはそのモデルケースとして、アメリカのリタイアメントコミュニティの例をご紹介します。

以前、複数回に渡ってアメリカのリタイアメントコミュニティを訪問する機会がありました。２００４年にはアリゾナの「サンシティ・アンセム」、カリフォルニア・サンホセの「ザ・ビレッジ」を見学。2008年、2009年には、南カリフォルニアのラグナウッズ市にある、「ラグナウッズビレッジ」というゲートシティ（gated community）の友人を訪問しました。

訪問から10年以上が経っており、現在とは少し事情が異なるかもしれませんが、老後を前向きに捉える文化の在り方は、いまでも変わらないものと思います。

ラグナウッズビレッジは、55歳以上の人しか購入できない住宅の集落街で、高い塀に囲まれ、ゲートは厳重にチェックされています。居住者からの許可がゲートに届かない限り、外部から中に入ることはできません。

ゲートシティとはいっても、途方もない広さで、中で生活していて壁を見ることはほとんどありません。しっかりと整備された街並みで、誰もが穏やかに生活を楽しんでいます。騒ぎを起こす若者もいませんし、治安に不安はありません。

街の中にはゴルフ場があり、入居者は自宅から直接カートで移動できます。ほかにもクラブハウスがたくさんあり、絵を描くアトリエや木工体験をできる施設もありました。そこでは大学の先生が直接教えてくれる講座もあります。

彼らがここに住むのは、人生を楽しむためです。介護が必要になるかもしれないからというような、不安に対する保障のためではありません。彼らはみんな、自分の望みを実現したいという、強い希望を持っているように見えました。やはり開拓の国なのでしょう。

年齢制限が55歳からなのは、早めにハッピーリタイアメントをして、ゲートシティに入るという人をターゲットにしているからだと思われます。とりあえず元気なうちは人生を楽しんで、老後のことはそれから考えるという人もたくさんいます。ちなみに、日本の自立入居（要介護状態になる前の入居）ができる高齢者施設の年齢制限は、低い所でも、60歳、65歳からという場合が多くなっています。

現地を訪れる前は、かなり裕福な人たちが暮らす場所なのだろうという印象がありましたが、中間層の人たちでも十分に住める場所のようでした。住人たちは、現役時代に住んでいた家を売ったお金で、この街の中に小ぶりな住居を購入することが多いようです。

アメリカでは、結婚して子どもができれば大きな家に住むようになります。しかし、子どもは早めに独立する文化があり、リタイアする頃には大きな家は必要なくなります。そうして自宅を売って、ゲートシティに家を買う。その差額を自分たちの老後の資金とするわけです。ラグナウッズビレッジのホームページでは、不動産屋の紹介もされています。

日本では、自宅を買えば一生そこで暮らすというイメージが強いですが、アメリカには住居は必要に合わせて売買するものだという意識が根付いているのかもしれません。不動産価格が長い期間に渡り、上昇傾向にあったことも影響しているかもしれません。

アリゾナのサンシティ・アンセムの敷地の中には18ホールのゴルフコースが二つありました。ラウンドを終えたばかりの男性に、1週間何をして過ごしているのかと聞いてみました。真っ黒に日焼けした顔で嬉しそうに答えてくれたのは、「ゴルフ、ゴルフ、ダンスパーティー、ゴルフ、フェアウェルパーティー、ゴルフ、ゴルフ」。

ゴルフばかりで飽きないのかとも思いましたが、「これほどまでに日々を楽しむことができるのか」と新鮮な思いでした。

アメリカの例を、そのまま日本でも真似をしようというわけではありませんが、「老後はどこまでもポジティブなものなのだ」と考えることも必要なのだと思います。

「あなたは何をしたいですか？」

アリゾナで出会った彼のように、自分のしたいことをとことん楽しみながら過ごすということは、老後の理想の姿の一つではないでしょうか。

しかし、この〝したいこと〟を見つけることは、案外難しいことなのかもしれません。読者のみなさんは「老後に何をしたいですか？」と聞かれて、すぐに答えることができるでしょうか。

私がコンサルタントとして企業研修をさせていただくとき、「これからどんなことをしたいですか？」という質問をします。しかし、すぐに「〇〇がしたい」と答える方は多くありません。質問に戸惑い、「こんなことを言ってもいいのかなあ」と躊躇《ちゅうちょ》の言葉が出たり、〝これからしたいこと〟ではなく〝いまやっていること〟を答えたりする方がたくさんいます。

自分が本当に何をしたいのかは、一生懸命探さなければ見つからないのかもしれません。だからこそ、日々感じる「こんなことしたいな」という小さな望みを大切にして、〝本当にしたいこと〟に育てていくことが必要です。

そうした意味で、私の考え方に強い影響を与えた言葉があります。

ウエイン・W・ダイアー博士（アメリカのスピリチュアリスト。マズローの自己実現をさらに発展させ、個人の生き方を重視する意識革命を提唱。世界的に評価されている）とディーパック・チョプラ博士（アメリカの医学博士。心と体の医学およびウェルビーイング分野における世界的な第一人者）の談話の中に見つけました。

How to get what you really, really, really, really want.
（ほんとに、ほんとに、ほんとに、本当〜〜に欲しいものを、どうやって手に入れるか）

同談話によると、本当に望むものを手に入れるステップとして、「3つのW」と

「情熱」、つまりは、

①Wish
②Want
③Will
④Be passionate about what you want

があるといいます。

これを解釈すると以下のようになるかと思います。

まず、「3つのW」です。

①Wish
「（現実にはできないだろうけど）やってみたいな」と考えている状態。

②Want
芽生えたWishが心の中で具体的な願望に膨らみ、「やってみたい！」と思える

ようになる。

③Will

願望が「やってみよう！」という強い意志に変わる。

この中で、大切なキーワードはWantにあると思います。Wantは自分の心の中から生まれるものです。それは、昔楽しんでいたことをもう一度やってみたい、というところから生まれてくるかもしれませんし、ずっと関心があったけれどできずにいたことかもしれません。

いずれにしろ、人から「こうすべきだ」と言われて生まれるものではありません。仮にそう言われたことがきっかけであったとしても、それを自分の心に聞いたとき、「やってみたい」と答えられなければならないということです。

他人依存ではなく、まさに自分自身の主体性の核となるものと捉えることできます。

一方、Wishは、現実的に「無理だ」と思っている状態です。それを、Wantへ、さらにWill（意志）に高めていくのが鍵です。

そしてその後に続くのが「情熱」です。

④Be passionate about what you want（やってみたいことに情熱を注げ）
自分のやってみたいことに情熱を注ぐことによって、実現が確かになる。

以上のような理解をしました。原題にあるように、タイトルに"Really"が四つも付いている通り、Wantを実際に手に入れるには、このくらいの情熱が必要だということです。

芽生えたWishを育てた女性

「ゆうゆうの里」に入居しているある女性の話です。
彼女がまだ入居を検討している当時、「ゴルフをもうそろそろやめようと思っているの」と漏らしました。どうしてかと聞けば、「ラウンド中、仲間に迷惑を掛けたくないから」と。体力の衰えによって、飛距離が出なくなったり、長い距離を歩けなくなったりすることが心配のようでした。

しかし、聞けばゴルフは亡くなったご主人が教えてくれたものでした。きっといろいろな思い出があるはずです。できることなら続けたいと考えているに違いないとスタッフは感じました。

そこで、「あきらめる前に、施設のスポーツトレーナーに相談してみませんか？」と提案をしました。

ここで「あなたの言うように続けられたら嬉しいわね」と、彼女の中に埋もれていた小さなWishが、スタッフの励ましによって「やってみたい」というWantに育ちました。

Wantが「やってみよう！」というWillになるためには、「できそうだ」という手応えも必要です。スタッフと共に、どうすればコースを元気に動き回れるか、飛距離を稼げるか、どんなトレーニングをしたらよいかをトレーナーに教えてもらいました。そうして指導を受けるうちに、本人も「確かに諦めるのは早い」とトレーニングを始めることを決めました。

いまでは自分のペースでゴルフを楽しんでいます。最初は半ばあきらめていた望みが、段階を経て実現したのです。

私たちは知らず知らず、Wishに目隠しをしてしまいます。子どもの頃は、したいことがあれば素直に「○○したい！」と言えたはずです。WishとWantが直結していたといえるかもしれません。

ところが大人になるに連れて、それが難しくなってきます。学校の規律や社会のルール。「○○すべき」「○○してはならない」という規範に縛られることで、あるいは失敗の経験により、自分の行動を狭めてしまうのです。ゴルフをあきらめようとした女性のように、「もう年だから」「他人に迷惑を掛けたくないから」といったこともその理由になるでしょう。

まずは自分のWishに素直になって、Wantに変えていきましょう。

そして、先に紹介した談話では、「3つのW」の後に、「Be passionate about what you want（情熱を注げ）」が続きます。どんなことでも、情熱を注ぎ、継続することで喜びは大きくなっていきます。練習をして、少しずつ実力を付けていく。昨日できなかったことが今日できるようになる。そこにこそ本当の楽しみがあるのではないでしょうか。その継続や努力の礎《いしずえ》となるのが、情熱なのだということだと思います。

情熱を注ぎながら自分の願望を実現していく。その過程そのものが、自分で自分の人生をつくるということなのではないでしょうか。

自分自身をシフトする

〝豊かな老後〟とはどのようなことか

煎じ詰めれば、〝豊かな老後〟とは、生きていること自体が楽しいと思えるような人生なのだと思います。

それがどんなことなのか、あるとき私は言葉に表す必要があると考えました。「ゆうゆうの里」が、どんなサービスを開発するにしても、「あるべき老後の姿」をみんなで共有する必要があると考えたからです。そしてスタッフと共に議論し、あるいはご入居者様へのインタビューによって、少しずつその姿が見えてきました。

私たちが考える〝豊かな老後〟とは、以下のような生活です。

●年齢や職業、性別、社会的地位などの垣根なく、気の合った仲間がいる
少し顔を見ないと、どうしたのかな、と気になる隣人がいること。そこに現役時代のような垣根はありません。

●気の合った仲間と一緒に楽しめることがある
コーラスで共に歌うのも良し、陶芸の出来を見せ合うのも良し、園芸を教え合うのも良し。これがいちばん楽しいことでしょう。

●何もしないという自由、一人になる自由もある
仲間と何かを楽しむのもいいですが、時には一人木漏れ日の森を散策するのもいいでしょう。

●老いてからも見つけた目標がある

社会的義務や責任から生じる「やらなければいけないこと」ではなく、自分の興味の赴《おもむ》くままに見つけた目標があるということです。

●社会のため、人のために、貢献している実感がある

誰かの役に立っているという実感は、自分の人生を肯定するための土台となります。自分が熱中できることで世の中に貢献できれば、それだけで〝豊かな老後〟といえるのかもしれません。

●自然を受容する

自分も世の中に数ある命の一つとして生きているのだと実感することです。木々の芽吹き、四季の花々、鳥のさえずり。自然の営みを肌で感じることで、心豊かになる時間を持つことができます。

いかがでしょうか。自分が老後を迎えたとき、こうした状態で暮らしているイ

メージができるでしょうか。

あるいは結構難しいことだと感じるかもしれません。これらは周囲の環境や人間関係による部分もありますが、自分自身で築き上げていかなければいけないことです。ただ受け身でいるだけでは、〝豊かな老後〟は訪れないのです。

頭の使い方を変える

〝豊かな老後〟を実現するには、そうなってほしいと周囲に期待するだけでなく、自分自身が整えるべき条件があります。そのためには、いままでの価値観や考え方をシフトしなければいけない部分があります。以下ではそのことをお話ししていきます。

私は昔、ある先輩からこんな言葉を聞きました。

「老後には老後を暮らすための頭の使い方があるんだ」、「若い頃とは違う脳の習慣づくりが必要になるんだ」と。

当時の私はまだ若く、先輩のおっしゃっていることがよく理解できませんでしたが、いまになってよく分かります。

老後は、現役で働いていたときと大きく異なる考え方や能力が要求されるようになります。

「現役時代は社会の第一線で働くための能力が必要だけれど、老後にどんな能力が必要なのか」という方もいるかもしれませんが、裏を返せば、現役時代は仕事さえできていればいいという言い方もできます。

会社の中で働いていれば、黙っていても世の中との関係性の中にいます。あるいは子育て中であれば、子どもを通してＰＴＡやスポーツチームのコミュニティに属していることもあるでしょう。そうすれば、自分から求めなくても、ある程度は社会の側から自分に関わってきてもらえます。

しかし、老後はそうはいきません。自分にとっての社会を狭めるのも広げるのも自分自身です。いままで必要なかったアプローチをしたり、周囲からの関わりに対する受容の仕方を変えていったりしなければいけません。

そのためには、自分自身をどう変化させていけばいいか。ここでは、〝豊かな老後〟を迎える条件づくりとして、基礎となる三つを選び、お話しします。

①体力、筋力の維持

「老化は足元から」といわれる通り、老化を防止して楽しく生きるためには、自由に動ける体力の維持が必須です。

適度な運動のルーティンをつくりましょう。無理は禁物です。できれば、スポーツトレーナーの助言をもらって体調と相談しながら続けられるといいでしょう。私は、長年お付き合いしているトレーナーの指導のもと、1週間に1度のトレーニングを30年に渡って継続しています。お陰様で、フルマラソンも走ることができるようになりました。また、病気になって仕事の予定をキャンセルしたこともありません。

②人間関係のコンプレックスを解消する

人間は本来的に社会的な動物であり、人との関わりの中にいるときがいちばん楽しいのだと思います。しかし、人の輪に入ることにコンプレックスや躊躇があったりすると、それを楽しむことができません。

特に会社や仕事中心のコミュニティにいた方は、手始めに、これまでとは異なるお付き合いの場をつくりましょう。例えば、俳句の会でも、料理教室でも、ボランティアの会でもいいと思います。そこに楽しみが見つかれば、自然と継続することができると思います。「みんなと仲良くしなければ」「続けなければ」「そもそも、こうあるべきなのに」という気持ちは、少し控えめにしてみましょう。

③好奇心を持ち続ける

現役のときは出世や業績といった目標がありますが、老後には決められた目標がありません。何事にも旺盛な好奇心を持ち、自分で自分の夢や目標を見つけましょう。

「ゆうゆうの里」で暮らす方々は、実にさまざまな関心を育てています。ある方は、雲の不思議な形に魅せられ、部屋の窓から写真を撮り続けました。手仕事が好きな方は、機織《はたお》りや染色に関心を持ちました。どんな関心も、行動に移してみれば、好奇心はさらに深まります。「３つのＷ」のプロセスと同じです。自分の心の欲求に従って、まずは小さな行動に移しましょう。

誰に託すのかを考える

もう一つ、考えなければならないことがあります。

読者のみなさんには、自分が高齢になって体が不自由になったとき、認知力が衰えたとき、代わりに自分の意志を全うしてくれる人がいるでしょうか。

これだけ介護保険制度が充実している時代ですから、身体介護については心配いりません。自分が要介護状態になったらどこに入ればいいのかということは、行政の窓口を含め、誰かが判断してくれるでしょう。

そのときに、介護施設から「身元引受人」を立てることを要求されるはずです。身元引受人とは、一般的に、病院や介護施設などへの入院・入所に当たり、緊急連絡先となったり、治療・手術方針について確認をしたり、本人がもしも死亡した場合は、身柄を引き取り、部屋の退去手続きをし、本人に代わって支払いをする保証人的な役割を果たす人のことです。

このような手続上の必要性に迫られて身元引受人を立てることが多いようですが、自分が動けなくなってから、あるいは亡くなってからのことを託す存在は、老後を迎える本人にとって、大変重要なのではないでしょうか?

あなたのことをよく知っている人でなければできない判断が、たくさん要求されます。例えば延命治療を望んでおらず、家族にもそれを伝えていたとします。そうはいっても、実際にあなたが命の淵に立ったとき、家族や親戚の中には、手術すればまだ助かるかもしれないと考える人も出てくるでしょう。そもそもそれが延命治療なのか、回復の見込みがある治療なのかという瀬戸際の判断をしなければならない場合はいかがでしょう。託す相手は、あなたの意志通りに判断してくれるでしょうか。

自分のことに限らず、家族の将来や、事業をしていれば会社のこともあるでしょう。そうした一つひとつの判断を誰かに託さなければいけません。そのすべてを誰か一人に託すというわけではなく、介護施設の選択や身元引受に関わること、事業や仕事のことなど、それぞれ別の人に託していくことも必要になりそうです。

一緒に暮らしていたり、常に顔を合わせていたりするような間柄でさえ、簡単には判断できないこともあるのです。ですから、「お前に託した。お前が判断したのなら、間違ってもいいよ」というくらいの信頼関係が必要です。

そのためには、普段からしっかりと自分の意志を相手に伝えて、理解してもらわなければいけません。また、責任を果たしてもらったことに対するお礼も残してあげられるようにしておきたいものです。

夫婦であればその相方でしょうが、どちらが先に逝《い》くかは分かりません。一方的に「後は頼む」と決め込むこともできないのです。相方の後を継げるようにもしておかなければいけません。お互いの意思を理解する努力が必要なのです。

そして最期に一人残されれば、やはり別の人に託さなければならなくなります。また、子どもがおらず、一人で老後を迎えることが多くなる時代です。現時点で託せる相手がいないというのであれば、これからでも力になってくれる人との関係性を築き上げなければいけません。

悔いのない人生を過ごすためには、そうした準備も必要なのだと思います。

第2章

いま、自分の老後を決める

「100年人生」の時代がやってくる

伸び続ける平均寿命

第1章では、老後のポジティブな部分に光を当て、どのように過ごすことが〝豊かな老後〟に繋がるかをお話ししました。捉え方によって、老後は恐れるだけのものではなくなるのだと感じていただけていれば幸いです。

ただし、老後にはたくさんの不安があることもまた、事実です。これらの問題に向き合わなければ、理想の老後は実現しません。

ここからは、そうした老後の課題を見ていきます。少し重たい話になるかもしれませんが、問題を解決するためには、その問題をよく知らなければなりません。

まずは長寿化についてです。

昔の流行歌の歌詞に「村の渡しの船頭さんは、今年六十のおじいさん」という歌があります（童謡「船頭さん」作詞：武内俊子、作曲：河村光陽）。

１９４１年に発表された童謡で、元気な船頭さんを称えた歌ですが、この時代には60歳という年齢が「おじいさん」だとみなされていたことが分かります。

統計結果にも、そうした事実を見ることができます。厚生労働省の「第22回完全生命表」によると、１９４７年の日本人の平均寿命は男性50・06歳、女性53・96歳だったことが分かります。

60歳のおじいさんは、まさに長生きを称えるべき存在だったわけです。

しかし、現在ではどうでしょうか。

平均寿命はほぼ一貫して伸び続け、２０１５年には、男性80・75歳、女性は86・99歳となり、過去最高を更新しています（厚生労働省「第22回生命表」より）。

60歳は長生きどころか、まだまだ元気。第一線で仕事を頑張っている人もたくさんいます。

内閣府の「平成29年版高齢社会白書」によると、平均寿命は今後も伸びること

図2　日本の平均寿命の推移

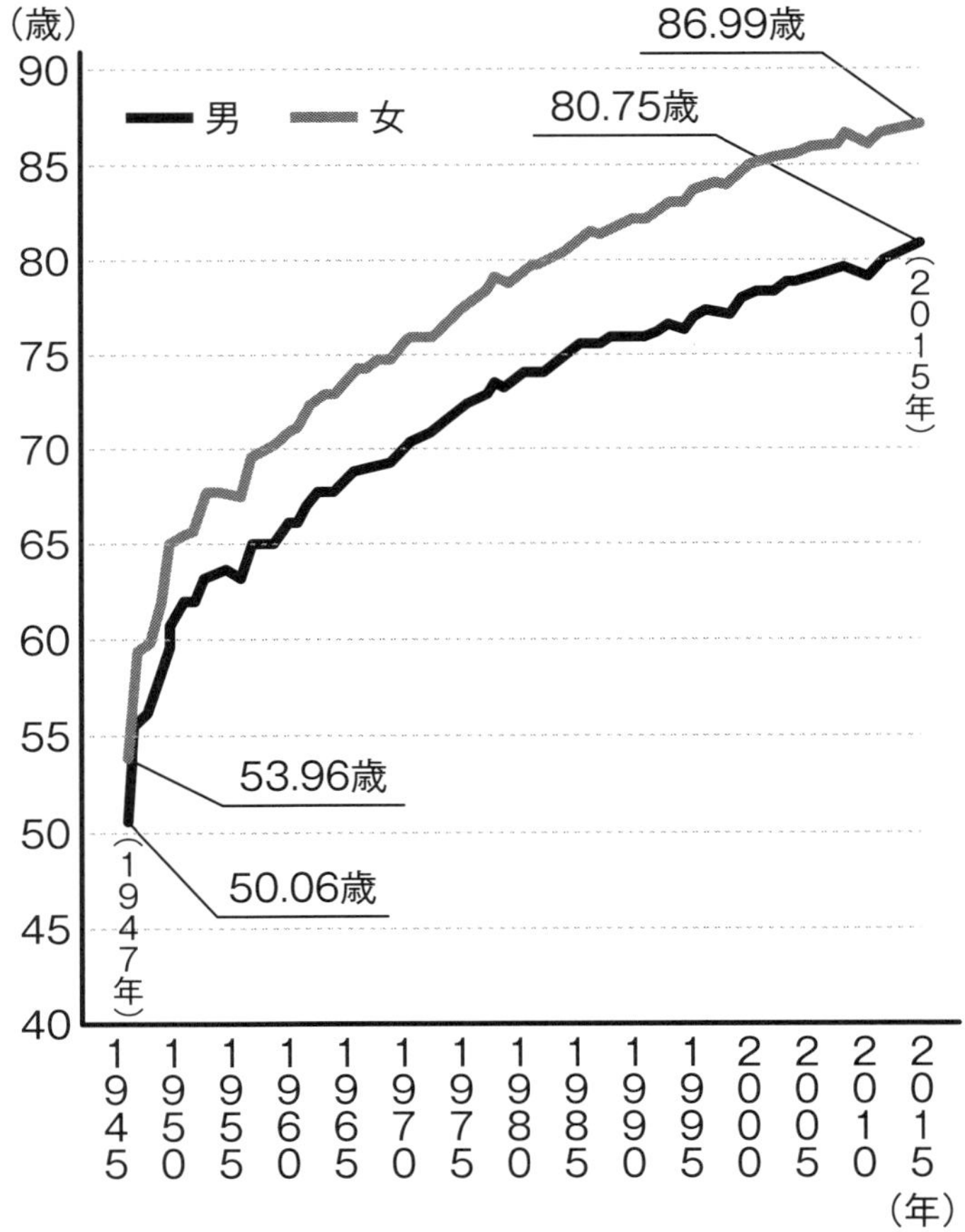

※厚生労働省「第22回生命表(完全生命表)の概況」を参考に作成

が予想され、２０６５年には男性84・95歳、女性91・35歳になるという試算結果が出ています。

医療技術や新薬の開発は、日進月歩で発展しています。近い将来、平均寿命が１００歳に達することも絵空事ではなくなってきました。私たちは、かつて人類が体験したことのない高齢社会に直面しているのです。

それでは、この長寿化は、私たちの老後に何をもたらすのでしょうか。

平均寿命と健康寿命のギャップ

近年、平均寿命の延びと併せて話題になるのが、「健康寿命」です。

健康寿命とは、「健康上の問題で日常生活が制限されることなく生活できる期間」と定義されています。簡単に言うと、心身共に自立して健康的に生活できる期間のことです。

２０００年にＷＨＯ（世界保健機構）が健康寿命の概念を提唱して以来、寿命を伸ばすことよりも、いかに健康で自立した生活ができる期間を伸ばすかに関心が寄せられるようになってきました。

それというのも、平均寿命が延びるに連れて健康寿命とのギャップが大きくなってきたためです。

図3は2013年における平均寿命と健康寿命の差を示したものです。

男性は9・02歳、女性は12・4歳の差があります。

つまり男性の場合は亡くなる前の9年間、女性については12年間、病気を抱えたり介護が必要であったりするなどで、日常生活に制限のある不健康な期間が待っているということです。

また、その分医療費や介護費が必要になるということでもあります。

以前は、現在ほど介護問題が取り沙汰されることはありませんでした。つまりは、介護が必要な期間が短かったわけです。平均寿命と健康寿命の差は、高齢化の影の部分を象徴的に表しているといえるでしょう。

図3　平均寿命と健康寿命の差(2013年)

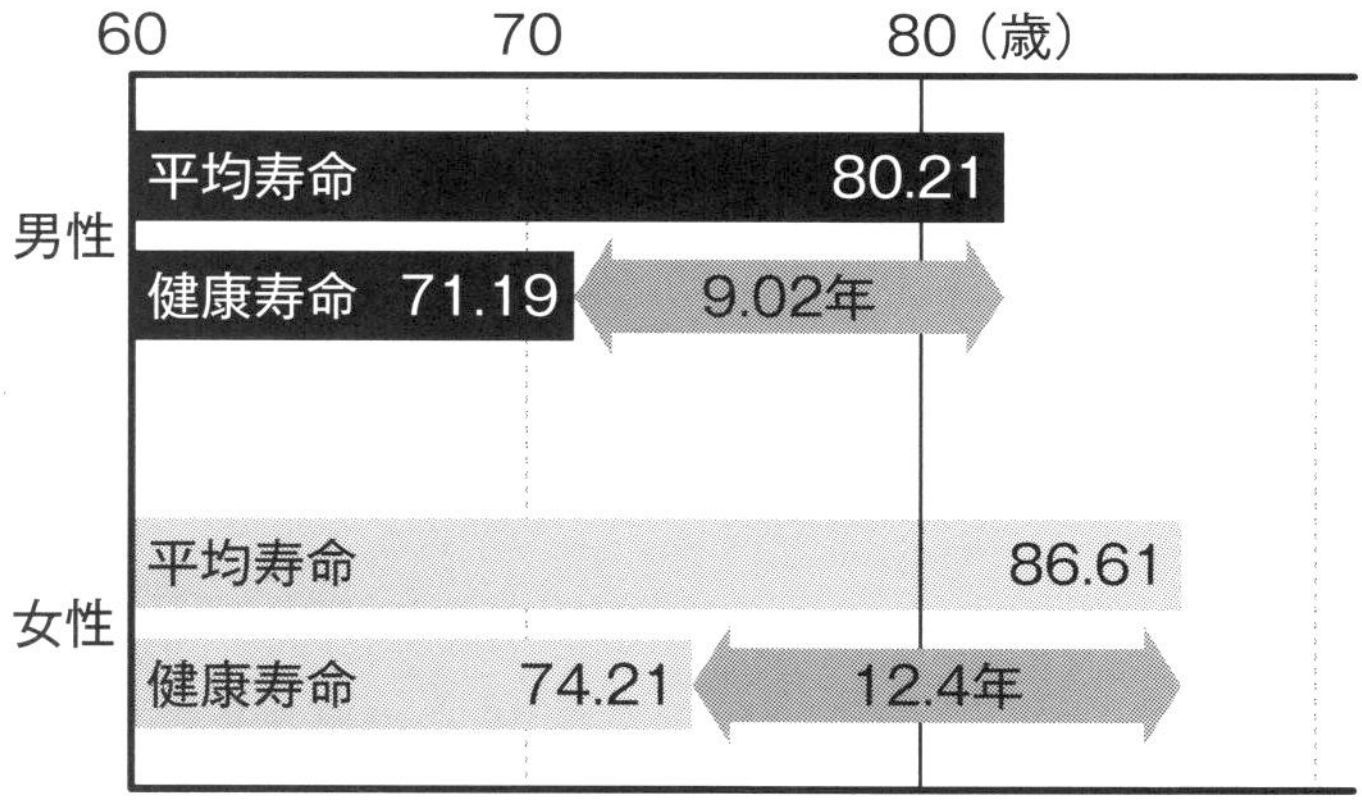

※平均寿命は厚生労働省「平成25年簡易生命表」、健康寿命は厚生労働科学研究費補助金「健康寿命の指標化に関する研究」を参考に作成

経済的な不安

老後に必要なお金は介護費用や医療費だけではありません。元気に過ごすことができたとしても、生きていくためにはお金が必要です。寿命が長くなるということは、それだけたくさんのお金を準備しなければならないということです。60歳で定年退職するとすれば、平均寿命から考えても、そこから男性で20年、女性で25年以上の期間があります。

１００年人生が現実のものになれば、40年間。実に社会に出てから定年までと同じだけの人生が残っているわけです。

「老後には一人５０００万円必要」といわれます。その額には疑問符も付きますが、貯蓄に不安がないと言える人や、多額の退職金をもらえる人は少ないでしょう。それに、貯蓄を少しずつ食い潰していくということそのものが大きな不安に繋がります。

老後の収入としては公的年金がありますが、公的年金だけで老後を暮らすには不十分です。

定年後も継続雇用で働くことはできますが、それでも一般的には65歳までです。もちろん、定年後には仕事がないというわけではありませんが、そこから何か新しい仕事を始めるには、これまでにやったことのない仕事に就く勇気や覚悟、新しい仕事に対する知識やスキルの習得が必要でしょう。

定年制度など、従来の枠組みが変わらずに、長寿化だけが進行すれば、経済的な不安が生じるのは自明のことといえます。

少子高齢化がもたらすもの

減り続ける出生率

長寿化と共に、少子化が問題になっています。

まず、合計特殊出生率の変化から見てみましょう（図４）。

合計特殊出生率とは、満15歳以上50歳未満の女性の、年齢別出生率を合計した指標をいい、一人の女性が一生の間に何人の子どもを産むかを表したものです。

戦後間もなく、第一次ベビーブームの１９４９年に４・32だった出生率はその後急減。１９７１〜７４年の第二次ベビーブームで一時的に盛り返したものの、その後はほぼ一貫して減少し、２０１５年には１・45になっています。

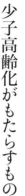

図4　出生数･出生率の推移

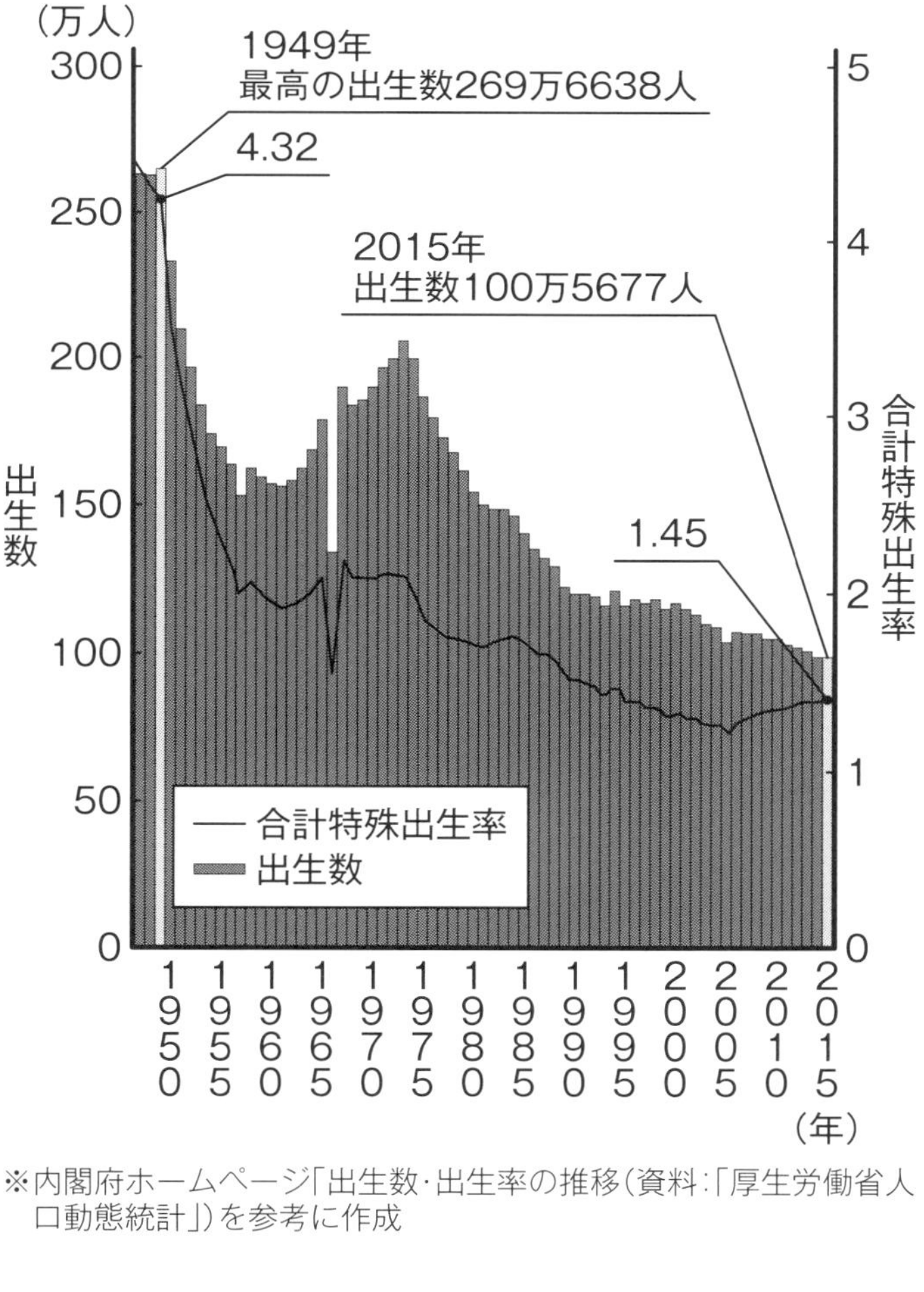

※内閣府ホームページ「出生数･出生率の推移(資料:「厚生労働省人口動態統計」)を参考に作成

年間の出生数で見ても、1949年には269万6638人だったものが、2015年には100万5677人。実に4割以下にまで落ち込んでいます。高齢化と共に進む少子化は、人口構成（人口ピラミッド）に大きな変化をもたらしました。日本の総人口に占める65歳以上の高齢者の割合は、2016年には、27・3％となっています。総務省統計局によれば、これは統計開始以来、最高の水準とのことです。

主要国の高齢者割合の推移（図5）で比べても、1990年代には欧州諸国と同一水準でしたが、2000年代には最も高い水準となりました。この変化がどのような影響をもたらすのか、前例のないことだけに不安を感じます。

具体的に高齢者を支える現役世代の数の推移を見てみましょう。

現役世代（生産年齢）を15～64歳とし、高齢者を65歳以上と考えると、1985年は、6・6人の現役世代で1人の高齢者を支えていたことになります。これが2016年には2・2人で1人。2065年になると、1・3人の現役世代が1人を支えることになるという試算もあります（内閣府「平成29年版高齢社会白書」より）。

図5　主要国の高齢者割合の推移

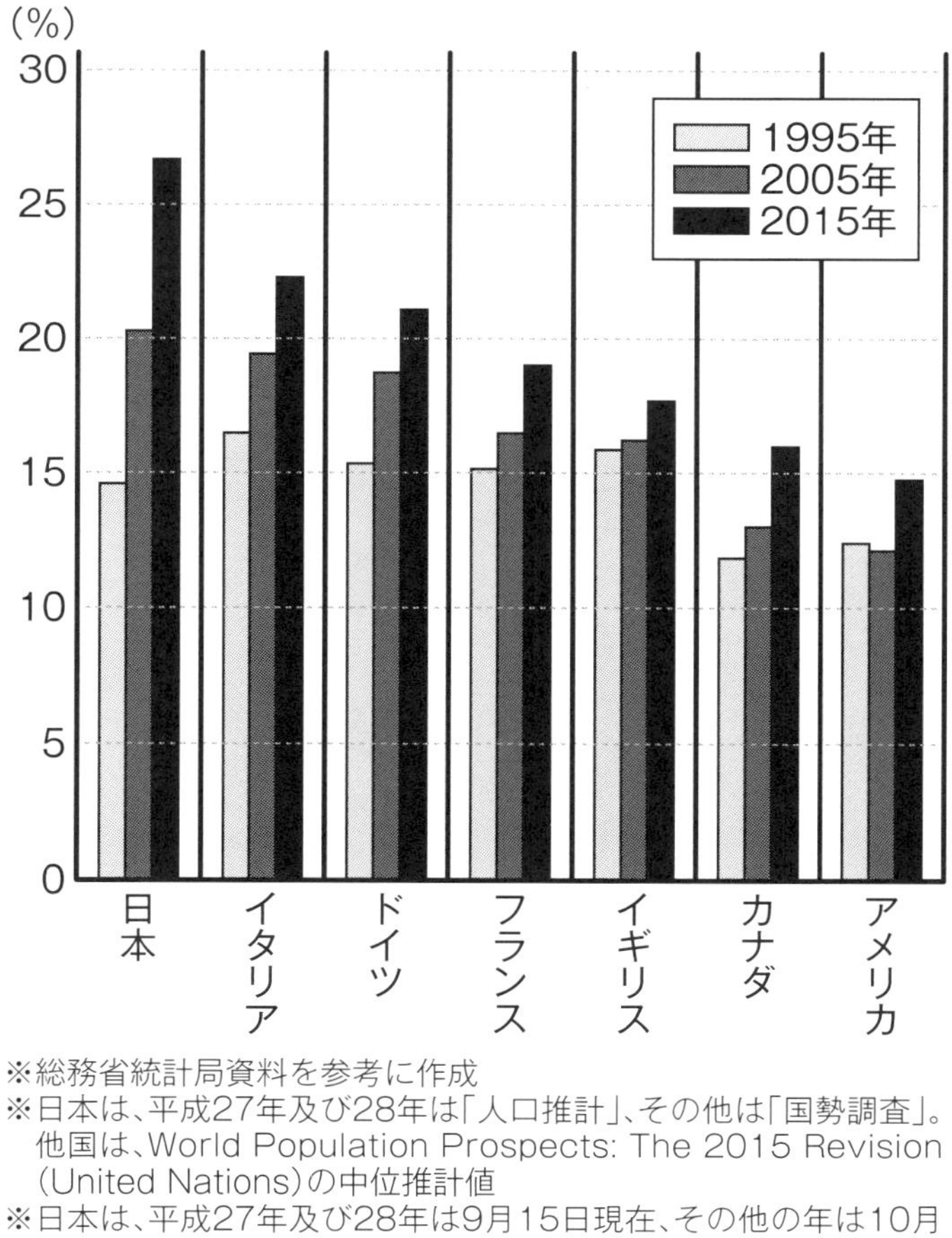

※総務省統計局資料を参考に作成
※日本は、平成27年及び28年は「人口推計」、その他は「国勢調査」。他国は、World Population Prospects: The 2015 Revision (United Nations)の中位推計値
※日本は、平成27年及び28年は9月15日現在、その他の年は10月1日現在。他国は、各年7月1日現在

世代間扶養で成り立つ年金制度にも、介護や医療の担い手の不足にも影響を及ぼします。技術革新や、生産性の向上がなければ、GDP（国内総生産）そのものの低下を招き、それは国力の低下を意味します。

個人主義の広がり

これから老後を迎えようとする世代の、その親が老後を迎えた頃は、年老いた親の面倒を子どもが見るのは当たり前の時代でした。直接「頼む」とは言われていなくても、暗黙の了解があったわけです。子どもの数も多く、きょうだいの誰かが親と同居して面倒を見ることも多かったでしょう。ほかのきょうだいたちは資金面で援助をするなど、役割分担もうまくできていたのではないでしょうか。

しかし、いまのように子どもの数が少ないと、それが成立しにくくなります。子どもがいない、いても遠く離れて仕事をしている、あるいは嫁いでしまったので頼れない、という状況が多くなっていると思います。

そうした意味で、昔のように老後を子どもに頼れない時代になったといえます。

自分たちが老後を迎えたときに、頼れる子どもがいる家庭はどのくらいあるでしょうか。

また、親の考え方も大きく変わったのではないでしょうか。親の立場からも、「老後を頼むよ」とは子どもに言いづらくなっているのではないかと思います。「子どもには迷惑を掛けたくない」と自ら老人ホームの検討をする方が増えています。

このような背景には、戦後の高度成長期に広まった個人主義の影響があるのではないかと筆者は考えています。

農業の時代における地域コミュニティは、生活も経済も共にした、まさに運命共同体でした。家族や親戚、近所の人たちの助けを借りなければ、仕事をすることも、生活することもできなかったわけです。

しかし、1950年代半ばからの約20年、製造業が中心となって、日本の飛躍的な高度成長を牽引《けんいん》しました。この結果、人が属するコミュニティは、仕事によって結び付く「会社」という組織が中心となりました。同時に、都市圏への人口集中に拍車がかかり、核家族化も進みました。子どもが都会に出たり、遠くに転勤したりしてしまえば、親子別々の生活が確立されてしまいます。

そのことで、仕事と生活は空間としても時間的にも、はっきりと区別されるようになりました。生活空間における地域コミュニティの付き合いは稀薄になっていったわけです。

こうした変化は、物理的な人と人との距離を変えただけでなく、「個人」という意識も変えていきます。仕事をして、ある程度のお金を稼げば、一人でも生活に困らなくなりました。そして何より、個人としての能力が社会的な成功を左右するようになりました。

それは反面、個人が自分の人生に責任を持たないといけなくなったということでもあります。

お互いに助け合って生きるという意識が薄くなり、自分を助けるのは自分しかいないという価値観を強く持つようになりました。そうした世代が老後を迎えたとき、子どもに面倒を見てもらうということに、抵抗を感じるのは当然の成り行きではないでしょうか。

それに、もともとは子が親の面倒を見るのが当たり前だった時代を生きてきた世代には、自分自身が親の介護で苦労した人が多くいます。そうした経験から、同じ思いを子どもにはさせたくないという気持ちもあるのでしょう。

経済的な面での支援も頼みづらくなっています。いまの若い世代は自分たちの現役世代よりさらに苦しい経済状況での生活を強いられています。テレビには介護離職してしまう人の姿なども映っていて、そうした状況を見れば、とてもじゃないけれど頼ることはできないと考えるのでしょう。

こうした志はとても立派だと感じます。しかし、老後の問題で最も厄介な部分は、自分で責任を持とうとしても叶わなくなるという点にあるのです。

高齢者の一人暮らしの増加

現代が人に頼れない時代であることを端的に表す数字があります。高齢者の一人暮らしの増加です。

内閣府の「平成29年版高齢社会白書」によると、65歳以上の一人暮らし高齢者の数は、1980年に男性約19万人、女性約69万人。高齢者人口に占める割合は男性4・3％、女性11・2％でしたが、2015年には男性約192万人（13・3

％）、女性約400万人（21・1％）に増えています。

平均寿命の差から、特に女性に多く見られ、5人に1人が一人暮らしという数字になっています。

一人暮らしのまま老いていき、足腰が弱ったり病気をしたりして、生活がままならなくなってしまう。最近は高齢者の孤独死なども増えています。

一人暮らしには、人とのコミュニケーションが少なくなることで、脳や身体の衰えが早まるといったリスクもあります。

私たちは普段から、会話などを通して情報の入力や出力を行うことで、脳を働かせています。他人との関わりがなければそうした刺激は弱まりますし、一人だけの生活では行動も最低限のことだけになってしまい、筋力や体力も衰えがちです。

それに、高齢者の一人暮らしは、病気や老いに対する不安とは別に、詐欺などの犯罪被害に遭いやすいといった傾向もあります。このことに関しては、第3章でもお話しします。

自分の人生は自分で終う

「何とかなる」ではどうにもならない

過去の慣習や制度だけに頼っていては、老後を安心して暮らすことはできません。これから自分自身に起こる身近な問題に目を向け、自分自身の未来の課題を掴み取り、自力で解決していく姿勢が求められます。

老後の資金設計はもちろん、体の自由が利かなくなったらどうするか、いまのままでは暮らせなくなったときどうするのかを、しっかりと考えて準備をしておかなければいけません。

子どもがいない、あるいは子どもに迷惑を掛けたくないと考える人たちは、この問題に正面から向かおうとする傾向があります。しかしその一方で、なかなか深くまで考えられないという人が多いようです。

「老い」を受け入れるのは難しいことです。考えなければいけないとは分かっていても、いま一つ現実味がない。何とかなるだろうと少しずつ先延ばしにしていて、ある日突然介護が必要になる。そうしたとき、「こんなにお金がかかるとは思わなかった」「このまま終わるしかない」と済ませることのできる問題ではないのです。

なぜ老後を考えなければいけないかをひと言で表現すれば、「いずれ、自分一人で解決できなくなるから」です。

不測の事態が起こる可能性はいくらでもあります。病気、体の衰えによるケガ、交通事故。配偶者や子どもに頼れるうちは、自分一人で解決できなくとも助けてもらえます。しかし、配偶者を亡くせば、あるいは子どもがいなければ、いずれ一人で生きていかなければならなくなります。社会情勢がどう変わるかも分かりません。若い頃であれば柔軟に対応できても、老後はだんだんと難しくなります。問題から目をそらしたり、無視したり、あるいは強がって、「何とかなる」と考えているのではなく、先読みをして備えていくという姿勢が求められるのです。

人生を通した準備が必要

「準備といっても、要は金なんだろう」という人もいるかもしれません。

もはや、身体的介護を他者に頼むのは当然の時代となりました。身体介護だけに限らず、さまざまなニーズに対応して、高齢者施設もどんどん充実したサービスが提供されるようになるでしょう。

そこで必要なのは、確かにお金です。しかし、老後に備えるというのは、何も経済的な話だけではありません。

老いてもなお豊かに生きるためには、どんな準備が必要か、第1章でもお話ししました。

●健康を維持すること
●周囲の人との関係を築いていくこと

●自分の後継をつくること
●生涯続けられる趣味や楽しみを持つこと
●社会に貢献すること
●自分なりの人生哲学を確立すること

なども必要不可欠です。

これから先、自分自身がどのように生きていきたいか。その姿を具体的に描くことと、そのための準備が大切なのです。

考えたくないことを考える勇気

リタイアしたら、海外旅行に行きたい、自由になる時間を使って趣味を極めたい、あるいは大学に通って勉強し直したい。

こうした前向きなことは、誰もが考えていると思います。

一方で、病気になったとき、介護が必要になったときのことは、誰も想像したくありません。自分に限ってはそうならないと思いたいのです。

しかし、老いも死も、平等にやってきます。それは揺るぎのない事実です。

日蓮の教えに「先《まず》、臨終の事を習うて後に他事を習うべし」という一節があります。

私はこの言葉を、まずは自分が理想とする臨終の姿を描き、そうなるためには何をすべきか、どう生きるかを決めることの大切さを教えてくださっているのだと解釈しています。

あなたにとってあるべき臨終とはどんな姿でしょうか。愛する人に見守られて逝くことでしょうか、去来するたくさんの思い出を胸に逝くことでしょうか、この世に生まれたことを感謝して逝くことでしょうか、後事を託してすべてやり切ったと満足して逝くことでしょうか。

臨終の姿は、人によって、哲学や宗教観によってさまざまだと思います。それはともあれ、臨終に至るまで、老後をどう生きるかを描き、その姿を現実のものにするためには、考えたくないことをしっかりと考え、計画し、実行していくことが必要です。これから否応なく自分が直面していく事実に備えなければいけないのです。

本章では、社会の変化がもたらす老後の不安を見てきましたが、本書の目的は、マクロな政策議論をすることではありません。

自分の老後にはどんな問題が待ち受けているのか。自分で考えて自分で準備していくことが大事です。あなたの老後を誰かに代わってもらうことができないように、その準備を誰かに任せることもできないのです。

しかし、ひと口に「老後」と考えていても、ぼやけたままです。どこでどんな不安が待っているのか、うまく想像できない人も多いでしょう。

そこで続く第3章では、個人の視点として、年を重ねることでどんなリスクが高まっていくのかを、より細かく見ていきます。それぞれの問題は自分自身に起きることだ。そう捉えて読んでみてください。

第３章

老後の不安を〝見える化〟する

不安なのは見えないから

「老後」の団子状態をほぐす

ビジネスの世界で、ある会社の売上げが芳しくないという問題があったとします。

このことを、ただ「商品が売れない」と団子状態で捉えているだけでは、いつまで経っても解決しません。商品に問題があるのか、販売網に問題があるのか、あるいは、アフターサービスに問題があるのか。販売不振という問題を一つひとつ分析して原因究明をしていく必要があります。一つひとつの団子がくっ付いてしまっている状態では食べられないわけです。

そうした点で、老後の問題も全く同じです。「老後の不安」とひとくくりにしてしまっても、何も分かりません。

そもそも、老後とは何歳からなのでしょうか。

会社勤めの人は定年後のことをいうのかもしれません。自営業などの方の中には、「いつまで働いても老後なんか来ないよ」という方もいるでしょう。一方で50代で引退して悠々自適の生活をできる方もいます。

「仕事をしなくなってから」と考えても、何歳までは自分で動けるのか、いつから介護が必要になるのか、何歳まで生きることができるのかといったことは何も分かりません。

老後の不安が大きくなるのは、よく分からないから、見えないからです。まずはこの団子状態を分解して、ひと口ずつ食べられるようにしていきましょう。

できなくなることリスト

まず、年を重ねるとどんなことができなくなるのか。

体が動かなくなる、認知症によって近い過去の記憶がなくなる、といった大きな変化もありますが、ほかにも「できなくなること」はたくさんあります。しかし、そうしたことは実際になってみないとなかなかイメージしづらいものです。ここでは、老後にどんなことができなくなるのか考えてみましょう。

介護業界の専門用語に「ADL（Activity of daily life）」や「IADL（Instrumental activities of daily living）」という言葉があります。

ADLは「日常生活動作」の意味で、食事や排せつ、移動や入浴など、日常生活を維持する上で必要な動作のことです。介護の方向性や目標を示すケアプランを作成するときに、これらの動作がどこまでできるのか、何ができないのか、その人が持っている機能の現状を把握する基準となっています。

食事を取り上げてみると、食事の自立状態とは、皿やテーブルから自力で食物を取って、妥当な時間内に食べることができることを意味します。しかし、食べ物が喉につかえるようになれば見守りが必要になりますし、咀嚼《そしゃく》ができなくなれば、食物を細かくするなどの助けが必要になります。また、「トイレの用が足せる」とは、トイレの出入り、腰掛け、ボタンやファスナーの着脱や汚れないための準備から連なる一連の動作ができなければなりません。残念ながら、年を重ねていくことでこういうことができなくなってくるのです。

一方のＩＡＤＬは「手段的日常生活動作」と訳され、身体を維持する上での基礎的な能力よりも高い能力を必要とする動作のことです。電話を使用する、買い物をする、食事の準備をする、自分が飲む薬の管理をする、財産の管理をするなどです。

「電話を使用する」という行動一つを考えても、自分で番号を調べて電話を掛けるなどの能力が求められます。人はこれらの能力が備わっているから、趣味を習いに出掛け、友人との集まりにも参加し、他人の悩みを聞いて相談に乗ることができるのです。

こうした動作も、心身の衰えと共に、だんだんできなくなります。できなくなる前に、「しなくなる」「関心がなくなる」という段階があるのかもしれません。残念ながら機能の低下に伴って、行動範囲は制限されていくことになります。

こうした視点から、できていたことがだんだんできなくなる順にリストにしました（図６）。

図6　加齢によってできなくなること

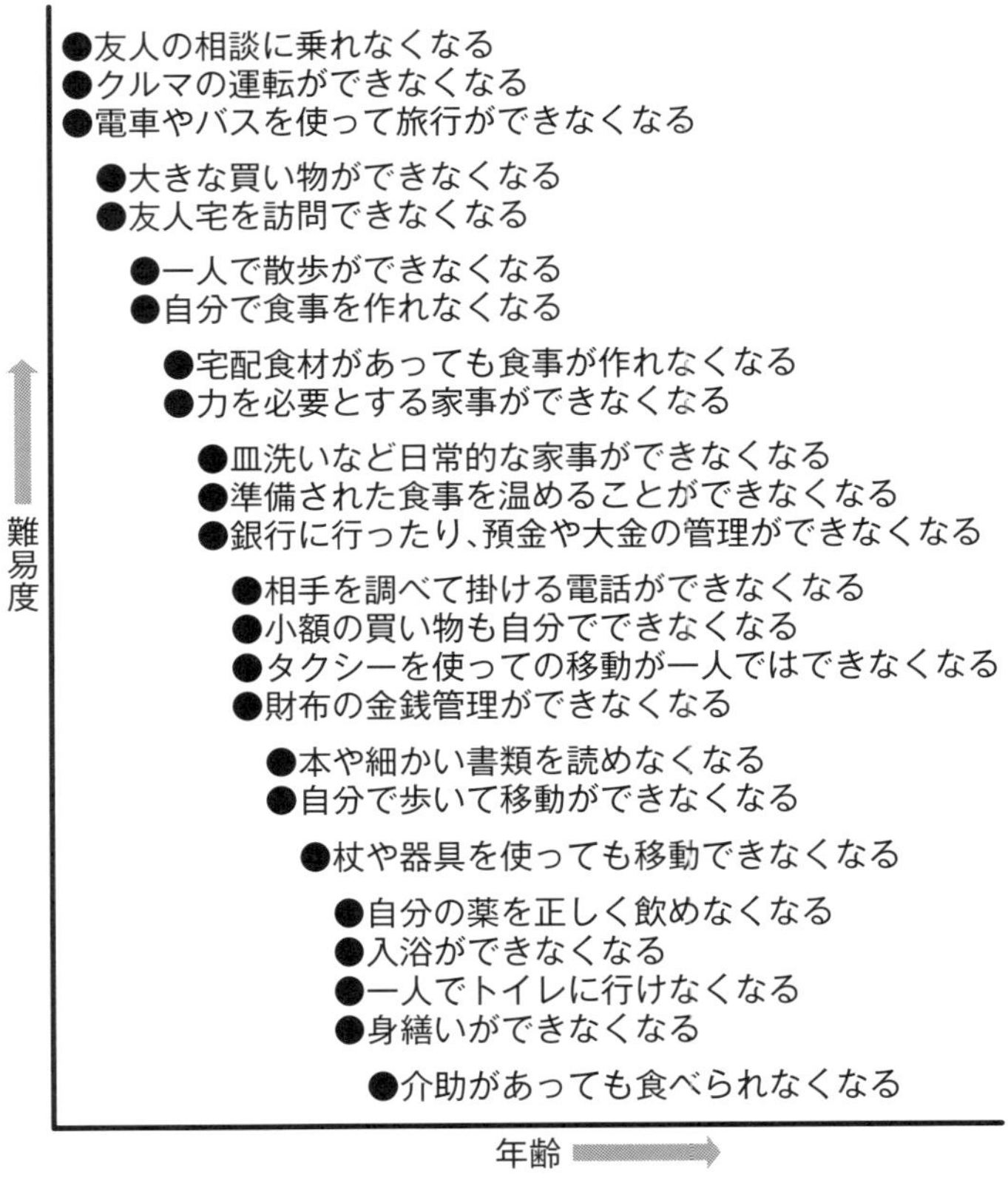

●友人の相談に乗れなくなる
●クルマの運転ができなくなる
●電車やバスを使って旅行ができなくなる
●大きな買い物ができなくなる
●友人宅を訪問できなくなる
●一人で散歩ができなくなる
●自分で食事を作れなくなる
●宅配食材があっても食事が作れなくなる
●力を必要とする家事ができなくなる
●皿洗いなど日常的な家事ができなくなる
●準備された食事を温めることができなくなる
●銀行に行ったり、預金や大金の管理ができなくなる
●相手を調べて掛ける電話ができなくなる
●小額の買い物も自分でできなくなる
●タクシーを使っての移動が一人ではできなくなる
●財布の金銭管理ができなくなる
●本や細かい書類を読めなくなる
●自分で歩いて移動ができなくなる
●杖や器具を使っても移動できなくなる
●自分の薬を正しく飲めなくなる
●入浴ができなくなる
●一人でトイレに行けなくなる
●身繕いができなくなる
●介助があっても食べられなくなる
難易度
年齢

※難易度はその人によって異なり、心身機能の低下その要因によってさまざまな経過を辿る。従って、できなくなる順番は人により少なからず異なる。この図は、あくまで大まかなイメージとして参考にしていただきたい

できなくなる順については、その人の状況によって異なりますが、当たり前にできていたことができなくなる、あるいはしたくなくなるイメージを持っていただけるのではないでしょうか。

老後の3ステージ

図7は、東京大学高齢社会総合研究機構の秋山弘子氏が「高齢者3000万人時代の構築力―長寿時代の科学と社会の構想」(岩波書店『科学』80号)の中で発表した図表を模したものです。約6000人を対象に20数年間に渡って追跡調査した、加齢に伴う生活の変化を表しています。

この表では、お風呂に入る、電話を掛ける、電車やバスに乗るといった日常的な動作ができる、つまり自立して生活する能力の加齢に伴う変化について、男女別の典型的なパターンが示されています。以下、同書の見解を要約します。

男性では3つのパターンが見られます。

2割は70歳になる前に健康を損ねて死亡するか、重度の介助が必要になります。

図７　加齢に伴う自立度の変化パターン

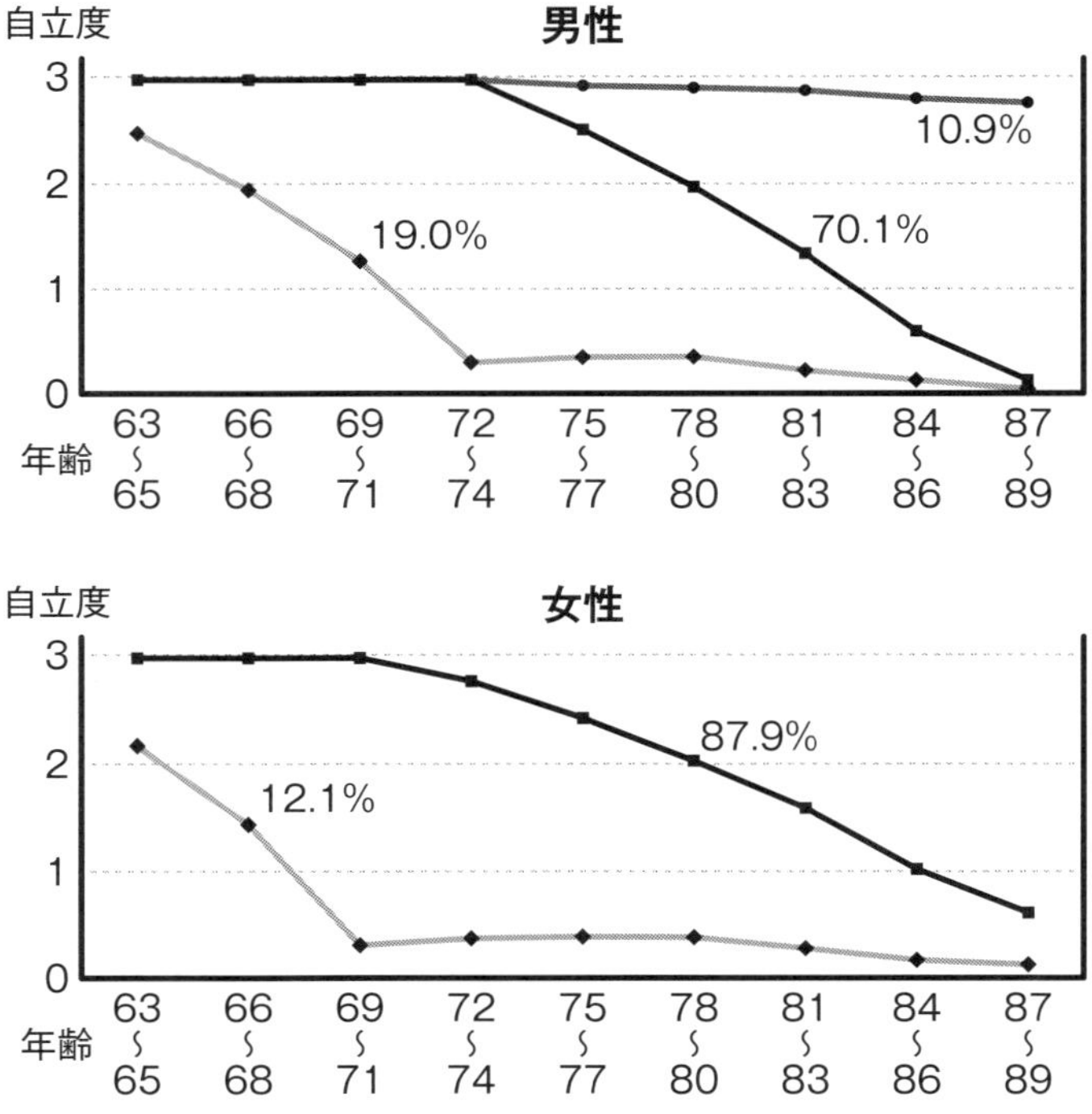

自立度３：自立
２：手段的日常生活動作に援助が必要
１：基本的＆手段的日常生活動作に援助が必要
０：死亡

※秋山弘子「長寿時代の科学と社会の構想」（岩波書店『科学』）を参考に作成

1割は80歳、90歳まで自立を維持します。

7割は75歳頃から徐々に自立度が落ちていきます。

女性を見ると、9割の人たちが70代半ばから緩やかに衰えていきます。

この男女差は、男性は脳卒中などによって急速に動けなくなったり死亡したりする場合が多い一方、女性は体力の衰えや運動機能の低下によって、徐々に自立度が落ちていく場合が多いという要因が大きいようです。

男女合わせると、約8割の人たちが70代半ばから徐々に衰え始め、何らかの介助が必要になることが分かります。


こうした研究結果なども踏まえ、私は長い老後の期間を次の3ステージに分けて考えています。

①「元気で当たり前のステージ」：〜75歳
②「不安とリスクのステージ」：76〜85歳
③「要介護ステージ」：およそ86歳〜

70代前半までは人の手を借りずに元気に動ける「元気で当たり前のステージ」です。

もちろん若い頃と同じようにとはいきませんが、働くこともできるし、社会貢献もできる。反対に遊んで暮らすこともできます。

後期高齢者と呼ばれるようになる75歳を越えると、「不安とリスクのステージ」へと移行していきます。

何らかの手助けは必要になってきますが、まだまだできることはたくさんあります。

同時に、元気であっても不安が隣り合わせでもある時期です。ある日急に倒れるかもしれないというリスクと不安が高まっていきます。家族や自分の将来をどうするのか、そうした問いの答えを出せないまま暮らしているという不安もあるかもしれません。

そして、要介護状態になった時点で、「要介護ステージ」へ移行します。介護がいつから必要になるかは人によって違うため、一概に何歳からとはいえません。86歳からというのはあくまで目安です。

脳卒中や認知症を始めとした病気やケガによって「不安とリスクのステージ」からある日突然移行することもありますし、そうしたことがなくても、いずれ自分のことが自分でできなくなりますが、その時期はそれぞれに異なります。

つまり、以上の3ステージの年齢の目安は統計上の数字であって、誰もがこのデータのように等しくステージを進んでいくわけではないということです。60代のうちに「要介護ステージ」に進んでしまう人もいれば、元気なまま、いわゆる「ピンピンコロリ」で亡くなる人もいます。

私たちは、自分の将来については、自分の仮説を立てるしかないわけですが、それでも、自分がどのステージにいるのかを自覚しておくことはとても大切です。「元気で当たり前のステージ」をどう過ごすのか。元気なうちにしておきたいことをするのか、あるいは次のステージでの資金的な不安に備えるため、まだまだ働くのか。

「不安とリスクのステージ」に入ったなら、いつ倒れてもおかしくないのだと自覚して、「要介護ステージ」に備え、人生のやり残しを一つずつ片付けていくべきでしょう。あるいは家族に託さなければいけないことにも決着を付けていきましょう。

もちろん、そうした準備をしていても、元気なまま80歳、90歳を迎えることもあります。それならそれで喜べばいいことです。準備のできていないまま、ある日突然寝たきりになってしまうのは、誰にとっても不本意なのではないでしょうか。

以上、年齢や体力の衰えの推移を通して、「老後」を分解してきました。漠然と一つの固まりで捉えない、3ステージに分類する、年齢の目安を持ち、過信しない。いずれも、備えを計画する上で必ずプラスになるはずです。

考えるべきは「不安とリスクのステージ」

"その日"は突然やってくる

老後を細かく分解した上で、特にしっかりと考えるべきなのは、「不安とリスクのステージ」です。

ある日突然介護が必要になるかもしれない。このステージは、常にそうした不安を抱えながら過ごす時期だからです。「元気で当たり前のステージ」ではまだそうした危険は少ないですし、「要介護ステージ」になってからでは老後の計画をしようと思ってもできません。だからこそ、「不安とリスクのステージ」をどう過ごすかが大切です。

介護が必要になる要因にどんなものがあるか。平成22年のデータを見ていきしょう（図8）。

この内、〝ある日突然〟介護が必要になるのは、主に1位の脳血管疾患と5位の骨折・転倒です。

この二つを合わせただけでも、3割以上の人が何の前触れもなく、つまり心の準備もできないままに要介護状態になってしまっていることが分かります。

〝その日〟は突然やってくるのです。

このステージを、運の良い人は自立のままで過ごせるかもしれません。あるいは多少の支援や介護を必要とする程度で、少しの不便は感じながらも自宅で生活できているかもしれません。

しかし、想像したくはないことですが、食事も排せつも自力ではできない状態になっているかもしれないのです。

いまのところ、その現実がみなさんの目の前に見えなくても、いずれ自分にとっての現実になっていく恐れがあるということは受け入れなくてはいけません。

そんな恐れと隣り合わせのステージに入ったならば、リスクが現実のものにな

図８　介護が必要になった主な要因（要支援・要介護の合計）

1位	脳血管疾患	21.5%
2位	認知症	15.3%
3位	高齢による衰弱	13.7%
4位	関節疾患	10.9%
5位	骨折・転倒	10.2%
6位	心疾患（心臓病）	3.9%
	その他	24.5%

※厚生労働省「平成22年国民生活基礎調査の概況」より

る前に、人生でやっておかなければならない課題に決着をつけて、すっきりと暮らしたいものではないでしょうか。

特に深刻な脳梗塞の予後

介護が必要になる要因1位の脳血管疾患の中で、特に予後に大きな影響を与えるのが脳梗塞です。

脳梗塞は、脳の一部の血管が詰まって脳細胞が死滅する病気です。

脳血管疾患の研究で有名な「秋田県立脳血管研究センター」によると、50歳日本人男性の平均余命が28・9年であるとき、脳梗塞を患うと平均余命が20・9年に縮まるというデータがあります。脳梗塞によって8年もの人生が奪われるわけです。

脳梗塞によって破壊された脳細胞は元には戻らず、後遺症による障害を引き起こします。脳梗塞の発作から7日以内に入院した患者を対象とした、予後の調査があります（図9）。これを見ると、発症の翌年には、実に37％の人（図中〈＊〉

図9　脳梗塞で入院した患者の予後

退院時

- 杖なしで歩くことができた人……58%
- 杖歩行になった人……11%
- 車椅子が必要になった人……16%
- 寝たきりになった人……8%
- 死亡……7%

上記調査の翌年

- 何ら症状なし……16%
- 症状はあるが障害なし……31%
- 軽度の障害で介助は不要……15%
- 介助は必要だが歩行可能……〈*〉13%
- 歩行や日常生活に介助が必要……〈*〉13%
- 寝たきりで常に介助が必要……〈*〉11%
- 死亡……5%

※発作から7日以内に入院した、全国156病院・約1万7000人の調査(山口武典「脳梗塞急性期医療の実態に関する研究：厚生科学研究費補助金健康科学総合研究事業研究報告書」を参考に作成

の合計）が何らかの介助を必要とするようになっていることが分かります。発症する前と後で状況が全く変わってしまう。それが恐いのです。

明日は楽しみにしていた趣味の集まりだったかもしれません。もしかしたら心待ちにしていた孫との旅行だったかもしれません。仕事をしていれば重要な取引だったのかもしれません。

やりたいこと、やらなければいけないことがたくさんあるのに、突然何もできなくなってしまう。あるいは、できることが限られてしまう。それがどういうことかを考えてみれば、〝その日〟に対する備えの重要さを実感していただけるのではないでしょうか。

発症する確率の高い年齢は60歳から80歳代といわれますが、「不安とリスクのステージ」である70代後半からの発症率が、特に高くなっているようです。高血圧などの改善のためになる生活習慣を心掛け、早期発見、早期治療に関心を持ちたいものです。

認知症の本当の怖さ

介護が必要になる要因の第2位が認知症です。多くの人が老後に恐れるのがこの病気ではないでしょうか。

医学的に言えば、認知症とは、認知機能が低下し、さまざまな障害が起こることです。問題はそのために生じる混乱の結果、安全が脅かされたり、他人に迷惑を掛けたり、日常生活に支障をきたすことです。

しかし認知症患者の立場から見ると、本当の恐怖は少し違うところにあるのではないかと感じます。

本人は、徘徊して自宅に戻れない、いましていたことを忘れるというように、自分の行動が完結しないこと、それが周囲に理解されないことに、限りない不安や怒りを感じるのだと思います。

想像してみてください。気がつけば自分の知らない街にいる。どうしてそこに来たのかも分からない。回りの人も知らない人だらけ。とても恐ろしいことではないでしょうか。そうした理屈さえも考えられなくなってしまっていれば、原因も分からない大きな大きな不安だけが襲ってくるわけです。

認知症の話題になると介護する側の苦労だけがクローズアップされがちですが、それは間違いなのかもしれません。

脳梗塞とは違い、認知症は一般的に徐々に症状が進みます。自分ができていたことが、少しずつできなくなっていく。その不安は、想像しただけでも大きな恐怖ではないでしょうか。

認知症になって体系的な考え方ができなくなれば、自分の老後を計画することは不可能です。こうした面からも、自分が「不安とリスクのステージ」にあることを自覚しなければいけないのです。

高齢者の一人暮らしは危険と背中合わせ

命に関わるリスク

第2章で、高齢者の一人暮らしの増加について少し触れましたが、「不安とリスクのステージ」を考える上で、高齢者の一人暮らしのリスクはとりわけ大きなものです。

高齢者の一人暮らしには、さまざまな問題がありますが、命に関わるリスクについて重要な問題は、以下の3点でしょうか。

①そのときに一人で適切な判断ができないという問題

②そのときに自分で緊急連絡ができないという問題
③筋力や体力の低下に自分で気づかないという問題

以下は、これらの問題を象徴するような事例です。

【事例1】

一人暮らしのある80代の女性は、近所の集まりに参加したとき、体にふらつきを感じました。同じ会合に出ていた友人に「なんだかいつもと違う感じがする」と相談したところ、「明日になったら治るわよ。早く帰って休んだほうがいいんじゃない?」と言われました。

それでも心配だった女性が、近所に住む子どもに電話して相談したところ、子どもが救急車を呼びました。

女性は内心、「なんだか大げさできまりが悪い」と思ったそうです。救急車が到着するまでの間も、自分でトイレに行けるくらい元気でした。

ところが救急車で病院に運ばれてから、左半身の麻痺が始まりました。診断結果は脳梗塞。

適切な処置のお陰で一命は取り留めましたが、左半身の麻痺は残ってしまいました。5カ月経ったいまもリハビリ病院で、自宅復帰できるかどうか瀬戸際の訓練を続けています。

子どもが機転を利かせて救急車を呼んでくれたから、麻痺が残る程度で済んだわけですが、自分だけであればどうなっていたか分かりません。


【事例2】

ある80代前半の女性は、夫を亡くして一人暮らしをしていました。

足腰が弱ってほぼ車椅子の生活で、近くに住む長女とホームヘルパーに家事のすべてを頼っている状態でした。

ベッドのそばにポータブルトイレを置き、排せつは自力でなんとか済ませることができていたのですが、ある日長女が帰宅した後、排せつをしようとして転倒してしまいました。

こうした事態を想定して、緊急事態のときのための、コール機能付きのペンダントを肌身離さないようにしていたのですが、その日に限ってトイレとは反対側のサイドテーブルに置いてしまっていたため、どうすることもできません。

結局、翌朝ホームヘルパーが訪ねてくるまで15時間もの間、身動きできない状況に置かれてしまったのです。

暖かい季節だったのが不幸中の幸いでした。真冬だったら命に関わったかもしれません。

【事例3】

ある一人暮らしの80代の女性は、つまずいた拍子に玄関から転落、骨折をして緊急入院となりました。

つま先を上げる筋肉は脚のすね側に付いています。高齢になるとこの筋力も低下してつま先が下がりがちになり、少しの段差でもつまずくことがあります。他人が見ていると、徐々につまずく頻度が高くなるのが分かるのですが、本人はなかなか気づきません。誰かが近くにいて注意していたら、あるいは、つまずく段差や障害物を取り去る努力をしていたらと悔やまれます。

また、同じく一人暮らしで認知症が進行していた85歳女性。電子レンジがうまく使えなくなり、どんな食べ物も冷たいまま食べていました。

久しぶりに帰郷した子供が台所を見て、母親が普段どんなものを食べているのかが分かり愕然としたといいます。マスコミで高齢者の栄養不足が問題になったことがありました。これも自分では気づけないリスクなのではないでしょうか。

想像以上に多い入浴事故

具体的に命の危険に及ぶ場面として、一人暮らしの入浴の問題があります。

日本における死因で、がん、心臓病、肺炎、脳卒中、老衰に次いで多いのが不慮の事故です（厚生労働省「平成28年（２０１６）人口動態統計」による）。

その中で、交通事故以上に多いのが家庭内の溺死です。

東京都健康長寿医療センター研究所元副所長の高橋龍太郎氏は、「溺水・溺死は事故に分類されるが、入浴中に起こった心・脳疾患の発作による死亡は病死とされ、これらを含む入浴中の急死は相当数に上るであろうと指摘されてきた」と述べています。

また、全国の消防本部への調査からの推計によると、2011年1年間に、1万7000人もが入浴中に死亡していることが分かったそうです。

同氏は「入浴事故の約8割は、一人で入浴している元気な健康高齢者で起きており、もし入浴中でなかったならば死亡せずにすんだのではないかという点で高齢期の重要な健康問題であると思われる」とも述べています。

想像以上に、一人暮らし高齢者の入浴事故が恐ろしいことであると感じられるのではないでしょうか。

詐欺被害に遭いやすい？

加齢による判断力の低下は、また別の側面での危険があります。

警視庁の発表によると、2017年の10月末までに、警視庁に届け出のあった振り込め詐欺・振り込め類似詐欺の数は、合わせて2770件。前年の同時期と比較して件数で78％、被害額で約30％も増加しています。

こうした詐欺は数年前までは「オレだよ、オレ！」と息子と思わせてお金を騙し取る手口が多かったため、「オレオレ詐欺」の名で呼ばれるようになりました。広く知られたことから最近は数が減っているようですが、それに代わるものとして、より手の込んだ手口が多くなってきています。

「あなたを相手に訴訟を起こそうとしている人がいる」などとありもしない話を持ち出して「解決してあげる」とお金を騙し取る架空請求。健康保険協会や年金事務所、市区町村の職員を名乗って「医療費の還付金がある」などと言い、ATMからお金を振り込ませようとする還付金詐欺。「必ず儲かる」投資話など、枚挙に暇《いとま》がありません。そして、こうした詐欺の被害者の多くが高齢者です。2018年2月の警視庁発表では、振り込め詐欺など、特殊詐欺の被害者の7割超が65歳以上の高齢者だったという結果が出ています。

また、詐欺まがいのセールスもあります。私の知人のお母さんは、夫を亡くして一人暮らしになった後、高額な水処理装置や健康機器などを次々と購入するようになりました。

あるとき不審に思った娘が、「こんなにたくさん誰から買っているの？」と問い詰めたところ、「とっても優しいセールスの人。話し相手になってくれるの」と言われ、愕然《がくぜん》としたそうです。

娘の知る母は、財布のひもの固い、しっかりした人でした。その母親が単純に「いい人だから」という理由で、詐欺まがいのものを買わされるようになってしまっていたのです。

冷静に考えれば、どれも怪しい商品です。「おかしいな」と気づきそうなものです。それにもかかわらず、現代の押し売りは巧妙に高齢者に近づき、孤独な心の隙に入り込んで来ます。誰かに「こんな電話が来たんだけど」「こんなセールスマンが来たんだけど」と打ち明けることができていたら、未然に防げたケースも多いはずです。

命に関わるという問題ではありませんが、被害が大きくなれば老後の計画自体が崩れることにもなりかねません。高齢者の一人暮らしには、こうしたリスクも潜んでいることを忘れないようにしましょう。

第４章

老後のライフスタイルを選ぶ

自分の望みにふさわしい場所

選択できる時間は限られている

第2章、第3章では、老後にどんな不安が待ち受けているかをお話ししました。私たちは、そうした問題を受け入れた上で、〝自分の終い方〟を考えていかなければいけません。

そのためには、「どんな住まいで暮らすか」がとても重要な要素です。住居としての意味だけではありません。住まいは生活の基盤です。家族と暮らし、励まし合い、近隣と交流し、そこに暮らしを支える住まいがあるのです。

自宅や地域のコミュニティを大切にしたい人は、その地域で暮らし続けるということが大切でしょう。反面、趣味を楽しんだり、新しいことを始めるために、いまとは別の場所に住みたいという人もいるでしょう。

自宅に住み続ける、新しくマンションを買う、高齢者施設に入る。いろいろな選択肢があります。しかし、いつまでもそうした選択ができるわけではありません。介護が必要になれば自分の力では移動できなくなりますし、選択できる幅も狭まってきます。

そうしていざ転居を余儀なくされたとき、不本意な場所での生活を受け入れなくてはならなくなり、そのまま最期を迎える。それは避けるべきことではないでしょうか。

若い頃でさえ、引っ越しは大変です。体力的にも精神的にも大きな負担になります。それが高齢者であればなおさらです。それに、年を取るに従って判断力も実行力も失われていき、しっかりと先を見据えた考え方ができなくなります。引越には限界年齢があるはずです、

まだ選択ができる時間が残されている段階で、どこで暮らすかを考えることが非常に大切なのです。たくさんの情報の中から取捨選択をして、自分に必要なも

のを集め、後々まで安心して過ごせるように準備をしておくことを考えましょう。

あるべき姿から考える

ただ、やはりすぐに答えの出る問題ではありません。自宅にいたいけれど家族に迷惑を掛けたくない。あるいは、早く施設に入って安心して暮らしたいけれど費用面が心配だ。そうした不安は尽きません。また、施設に入るにしても、何歳から入るべきなのかといったような疑問も残ります。

そこで本章では、さまざまなケースをシミュレーションして、自分にいちばん合った選択肢を考えていただきたいと思います。

ここでも重要になるのは、自分が何をしたいか、老後にどんな生活をしたいかです。

ただ、それが〝できるかどうか〟では考えないでください。

何かを選択することは、どんなことであっても、初めから〝できるかどうか〟で考えると好ましい結果になりません。やってもみないことを〝できないかもしれない〟と考えた時点で、最良の道に自ら壁を作ってしまうことになります。また、その過程も〝できない〟要素ばかりを探すことになってしまい、楽しくありません。

人生の伴侶《はんりょ》を選ぶとき、最期まで添い遂げることができるだろうか、お金に困らず暮らすことができるだろうかと考えて決断するでしょうか。二人の明るい生活を思い浮かべるからこそ、結婚を決意できるはずですし、その過程自体が楽しくなります。

老後を考える場合も同じです。第1章でお話ししたように、老後は人生の〝おまけ〟ではありません。人生そのものです。何歳になっても将来は明るく開けていなければならないのです。

〝できるかどうか〟ではなく〝あるべき姿〟から考えてください。

自分の老後は安心して暮らせる住まいで過ごす。いつまでも楽しい生活ができる。「悔いのない人生だった」と言って逝きたい。いずれも大切な〝あるべき姿〟です。

そう考えれば、考えることそのものが楽しくなるのではないでしょうか。

〝老後の住まい方〞三択

自宅か？　施設か？

まず、〝老後の住まい方〞ともいうべき、三つの選択肢を考えてみたいと思います。

どの段階で高齢者施設に入るのか、あるいは入らないのかといった選択ですが、施設といっても非常にたくさんの種類があります。細かく見ていくといつまで経っても考えが前に進んでいきません。まずは大まかに、施設とは老後を最期まで過ごす場所なのだとお考えください。

一つ目の選択肢は、「最期まで自宅で」です。

施設などには入らず、家族や在宅介護サービスの助けを借りながら、最期の日まで自宅で過ごすというパターンです。

多くの方が「できることなら最期まで住み慣れた自宅で過ごしたい」と考えるのではないでしょうか。

次に、「介護が必要になってから施設へ」です。

老後を想像するときに、いちばん現実的にイメージできる選択肢かもしれません。

なるべく自宅で生活していたいけれど、家族に迷惑は掛けたくない。本格的な介護が必要になってから施設へ入ろうという方も多いのではないでしょうか。

最後に、「元気なうちに施設へ」です。

まだ元気なうちに施設へ入り、そこで最期まで暮らすという選択肢です。

この発想を持っていなかったという方もいるのではないでしょうか。施設は介護が必要になってから入るもので、元気なのに入居できるの？　と意外に感じられるかもしれません。

これらの選択肢には、それぞれメリットがあります。また、どんな人に合っているかも異なりますし、その選択肢を選ぶために必要な条件（要件）も異なります。自分が望む生活のためにはどの選択肢が適しているのか。そのためにはどんな条件が必要なのかを考えながら、読み進めてください。

三択①「最期まで自宅で」

この選択肢のメリットは、何といっても慣れ親しんだ環境で、家族や周囲の人たちと暮らせることでしょう。

好きな公園での散歩や近くの俳句教室に通うといったような趣味も続けられます。高齢になってから見知らぬ場所にいく苦痛もありませんし、新しい関係づくりも必要ありません。また、施設に入るのに比べて費用的にも安くなります。

高齢になると、環境が変わることそのものが、大きなストレスにもなります。できることなら最期まで自宅で過ごしたいと考える人が多いのは当然だといえるでしょう。

ただし、この選択肢には家族の助けが必要不可欠です。最期まで介護を続けるということは、とても大変なことで、介護する側の覚悟が問われます。肉親の愛情があれば何とかなるというものではありません。朝から晩まで、常に誰かが注意していなければならず、体力的にも精神的にも大きな負担となります。

また、家族であるが故に、甘えが出て、双方が自分の立場の大変さを分かってもらえないという考え方になりがちです。そうした依存関係が入り込むと、感情的にも難しい問題を抱え込んでしまいかねません。

家族がこうした問題に応えてくれるか、そして自分自身が本当にそうしてほしいのかを、しっかりと考える必要があります。

もちろん、家族による介護だけでなく、在宅のまま介護サービスを受けることも可能です。

事業所に通って介護サービスを受ける「デイサービス」では、リハビリ、入浴、食事、レクリエーションなどのサービスを受けることができ、家族の負担の軽減にもなります。また、在宅で家事援助や身体介護の訪問介護サービスを受けることもできます。

これらのサービスは、「ケアマネージャー」と呼ばれる職員が作成するケアプランに基づいて提供されます。ケアプランは一人ひとりの利用者の身体能力や、本人・家族の要望を把握した上で作成されます。きめ細かな援助を必要とすれば、介護保険の給付限度を超えることにもなります。

一人暮らしをしている私の親族が、在宅のまま訪問介護サービスを利用したことがありました。要介護3で、娘が一日一回だけ食事の支度を兼ねて、話し相手に通いましたが、それ以外は、事業者のサービスに頼みました。

身体介護、生活支援、訪問入浴、訪問看護など必要と思われるサービスをプランにした見積りの利用者負担額は、月額19万円から20万円近くになりました。在宅での介護サービスは想像以上に高いのだと驚いたことを覚えています。

これを一定の見積りに抑えるには、同居する家族がすべての食事を作り、ある程度の身体介護も自分で行なわなければ無理なのか。そうした声に応えて、2006年から「小規模多機能型居宅介護」という制度が始まりました。これは利用者の負担を定額にすることを目指しており、訪問介護と、「デイサービス」や「ショートステイ（短い期間の宿泊で介護サービスを受ける）」を組み合わせたサービスを受けることができます。

介護度が最も重い要介護5で介護保険1割負担の場合、個人の費用負担は月額3万円程度です。この額は固定制で、サービスの量が増えても自己負担額が増える心配はありません。

また、自宅への緊急呼び出しにも対応してもらえる「定期巡回・随時対応型訪問介護看護」という制度もあります。こちらも要介護5の場合、1割負担で月額3万円程度の定額利用ができます。この制度は2012年4月にスタートしました。

いいことづくめのように聞こえますが、実際にサービスを受けようとするときは、事業所のケアプランの具体事例を見て、どこまでお願いできるのか確認したいものです。

また、自分の地域でそのようなサービスが提供されているのかも調べておく必要があるでしょう。ここで紹介したサービスはすべての自治体で受けられるわけではないようです。中には介護費用の負担増を危惧《きぐ》して、新しい取り組みには消極的な自治体もあるのが実情です。また、在宅医療に対応してくれる病院や診療所、訪問看護ステーションの数も、まだまだ不足しています。

「最期まで自宅で」を目指すには、これからも時代と共に変わっていくと思われる在宅向けサービスの制度が、どこまで支えてくれるのか、利用者の視点で情報収集をしていく必要があります。

いずれにしても、このライフスタイルの選択は、協力者である同居の家族がいなければ、難しいということには間違いありません。

三択②「介護が必要になってから施設へ」

この選択肢も「最期まで自宅で」と同様、多くの人に好まれるパターンです。自宅で過ごすことのメリットをなるべく長く得ることができ、かつ介護の面倒を家族に掛けることもありません。

ではどれくらいの介護が必要になったら入居すべきかということですが、私は身内の経験から、排せつが一つの目安となるのではないかと思います。壁づたいに歩いたり、杖をついたりしてでも自力でトイレに行ける間は、十分自宅で生活することは可能です。入浴は難しい動作ですが、週に数回、デイサービスで介助入浴を受けることが可能です。しかし、日々の排せつに人の手を借りるようになったら施設に入ったほうが、介護をする側にとっても、受ける側にとっても良いように思います。もちろんその判断は、考え方や事情によってさまざまです。あくまで一つの目安と考えてください。

先にも、介護が必要になる〝その日〟は突然やってくるということをお話しました。元気なうちは、〝その日〟がいつなのか分かりません。脳梗塞で倒れて入院すれば、リハビリ病院から自宅へ帰りたいと思っても、自宅での生活は無理だという事態が起こります。そのときに、自分が入居するのにふさわしい施設が見つかるかという問題に直面することになります。

経済的な負担が比較的少ない公的な施設には、「老人保健施設（老健）」や「特別養護老人ホーム（特養）」などがあります。

老健は医師や看護師が配置され、リハビリ・医療ケアが充実しているので、家庭への復帰を目指すためには良い施設だと思います。また、特養は、在宅介護を受けることが難しい方のための施設として、人気がありますが、順番待ちになっているところが少なくありません。それに、重度の要介護者を優先するため、要介護度3以上といった入居条件があったりします。

つまり、「介護が必要になってから施設へ」という選択肢には、実際に入居しようとしたとき、選ぶことのできる施設が限られるというリスクがあります。

徐々に体の自由が利かなくなっていく中で、事前に準備や選択の時間があればいいのですが、突然介護が必要になった場合は、かなり慌ただしい判断となります。どうしても「とりあえず入れる所を」という考え方になってしまいかねません。

リハビリ病院から、一旦は民間の「介護付き有料老人ホーム」へ入居し、特養などに入居できるチャンスを待つ人もいるようです。その場合、民間の有料老人ホームだとすると、月々の費用は特養など公的な施設の2倍、3倍以上になると思われます。

このライフスタイルを選択する場合は、自分で自分が納得する施設を選べない恐れがあるということを頭に置いておく必要があります。また、動けなくなった自分に代わって、住み替えまでのさまざまな課題に対応してくれる人が必要です。

三択③「元気なうちに施設へ」

「元気で当たり前のステージ」でも、「不安とリスクのステージ」でも、入居が可能な施設があります。

この選択肢の最大のメリットとしては、入居後はいつ介護が必要になっても安心だという点です。将来の不安なく、落ち着いて生活することができます。

ただし、そうした施設の数や種類は限られています。詳しくは第5章でお話ししますが、ここでは「自立入居型介護付有料老人ホーム」を例に考えていきます。

自立入居型介護付有料老人ホームでは、自立の間はマンション形式のバス・トイレ付の部屋などで生活します。「老人ホーム」と名は付いていますが、一般のマンションと変わりはなく、外出や外泊、外部の客を自室やゲストルームに泊めることなどが自由にできますし、趣味や娯楽系の施設が充実している所もあります。

常時介護が必要になったら介護専用の部屋に移動し、介護スタッフによる手厚い介護サービスを受けることができます。中には24時間看護師が常駐しているなど、充実した体制が整っている所も数多くあり、非常に安心といえます。

子どもがいない、子どもには迷惑を掛けたくないと考える方には、ぴったりの住まいではないでしょうか。

ただし、入居するためには、高額な入居一時金を払える資金を用意しなければいけません。また、その入居一時金を支払ってもなお、管理費など毎月かかるお金が決して安くはないため、「高嶺の花」と認識されがちです。ただ、早めに入り、長く住めば、トータルの月平均ではそれほど高額とはならないこともあります。早いうちから検討して資金の計画をすれば、メリットの大きい選択だといえます。

一方、若いうちに入って残りの人生をそこで過ごすことになりますから、間違いのない選択眼を持たねばなりません。このことについても、第5章で詳しく見ていきましょう。

どの選択肢にも家族の理解が必要

この〝老後の住まい方〟三択について、メリットや考慮すべき留意点を比較しました（図10）。

三択はまさに生き方の選択といえますが、「最期まで自宅で」「介護が必要になってから施設へ」では、多かれ少なかれ、自分が動けなくなったときに誰かの手助けが必要となります。具体的に誰にどんなことを頼むのかを決めておかなければなりません。子どもがいても暗黙の了解ではなく、しっかり、何をしてほしいか話し合っておくべきでしょう。

そうした迷惑を掛けたくないからと「元気なうちに施設へ」を選ぶ場合も、その考え方を家族に理解してもらう必要があります。子どもの立場からすれば、なぜ、そんな高い入居金を支払う必要があるのか理解できずに、争いの原因となる恐れもあります。

読者のみなさんは〝自分の終い方〟にふさわしい選択はどれになるかを決めることができるでしょうか。この老後のライフスタイルのどれを選ぶか、しっかりと腹を決めないと、なかなか具体的な老後設計はできません。

それぞれ、いくらのお金がかかるのかという関心もあるかと思います。この後

図10　“老後の住まい方”三択の比較

三択	最期まで自宅で	介護が必要になってから施設へ	元気なうちに施設へ
利用するサービスや施設	自宅で訪問介護やデイサービス	介護専用施設	自立入居型の介護付有料老人ホーム
特徴（メリット）	住み慣れた自宅に住み続けられる	住み慣れた自宅で過ごすメリットを、できるだけ長く得ることができる	パッケージとしての安心を得る（有料老人ホームは住まいや食事、介護などのさまざまなサービスを受ける権利をまとめて契約する）
	見知らぬ場所に行く苦痛がない	家族に掛ける負担を左案より軽減できる	家族の世話にならず、「不安とリスクのステージ」にも対応できる
		介護になったときの事情に合わせた選択ができる※1（自宅復帰のための施設か、介護専用施設か）	動けるうちに、吟味して決めることができる
どのような人が合っているか	介助する同居家族がいる人（同居家族の覚悟がある）	突然、要介護状態になったときにも、面倒を見てくれる人がいる人	家族あるいは子どもがいない。子どもに迷惑を掛けたくないと考える人
考慮すべき留意点	重度になったときに介護する家族の負担が大きい。支え切れなくなれば、介護専用施設に入居しなければならない	上記の※1と矛盾するようだが、要介護状態になった後では、気に入った施設を自分では選べない恐れがある	入居一時金を蓄える必要があることから、早めに選ぶ覚悟をする
	ケアプランの内容によっては、介護保険の範囲を超えた利用者負担が発生する	利用しやすい料金の「特養」は、家での介護が困難な人が対象の施設。要介護度3以上の条件や入所待ちが多い	一度決めたら選び直しはできない。選択眼を養う必要がある

のシミュレーションを終えた後で、是非、ご自身の問題として決定をしていただきたいと思います。

ライフスタイル・シミュレーション

具体的に想定していく

ここからは、先ほどの三つの選択肢をベースに、ライフスタイル別に費用がいくらかかるかシミュレーションをしていくことにしましょう。

まず前提条件の説明をします。図11は、第3章でお話しした「元気で当たり前のステージ」「不安とリスクのステージ」「要介護ステージ」を元に、介護が始まる時期などを想定して、図式化したものです。

ただ、平均寿命は今後延びていくことが予想されることと、より老後の期間を長く設定して金銭的に余裕のあるシミュレーションをするために、死亡年齢は90

図11　シミュレーションの前提図

<table>
<tr><th>年齢
（歳）</th><th>ライフ
イベント</th><th>老後の
3ステージ</th><th>介護時期</th><th>住まい・
介護方法</th></tr>
<tr><td>60</td><td>定年</td><td rowspan="2">元気で当たり
前のステージ</td><td rowspan="3"></td><td rowspan="8"></td></tr>
<tr><td>61〜75（15年間）</td><td></td></tr>
<tr><td>76〜85（10年間）</td><td></td><td>不安とリスク
のステージ</td></tr>
<tr><td>86</td><td></td><td rowspan="5">要介護ステージ</td><td rowspan="3">介護の始まり
（86歳時）</td></tr>
<tr><td>87</td><td></td></tr>
<tr><td>88</td><td></td></tr>
<tr><td>89</td><td></td><td rowspan="2">重度介護・
終末介護</td></tr>
<tr><td>90</td><td></td></tr>
</table>

歳としました。

今回はこの表に基づいて、五つのシミュレーションを考えました。また、計算を分かりやすくするため、一人入居を想定しています。いずれも実在の施設の情報を元にしています。自分が気になる施設の情報を集めて、納得のいくシミュレーションに応用すれば、より参考になると思います。

シミュレーション①

最初に、自宅で最期まで過ごす場合を考えます。

ただし、実際に最期の瞬間まで自宅で過ごすということは、とても困難なのが現実です。もちろんそれが実現できればいいわけですが、実現が難しいことを前提に準備してどうにもならなくなってしまってはいけません。最後の2年間は重度の要介護状態になって施設に入居するものとしてシミュレーションを行いました。

ここでは、自宅で家族と同居しているという想定で、住居費や生活費は計算に

図12　シミュレーション①《ライフスタイル》

可能な限り自宅で

<table>
<tr><th>年齢（歳）</th><th>ライフイベント</th><th>老後の3ステージ</th><th>介護時期</th><th>住まい・介護方法</th></tr>
<tr><td>60</td><td>定年</td><td rowspan="2">元気で当たり前のステージ</td><td rowspan="3"></td><td rowspan="3">自宅</td></tr>
<tr><td>61〜75（15年間）</td><td></td></tr>
<tr><td>76〜85（10年間）</td><td>自宅改修（76歳時）</td><td>不安とリスクのステージ</td></tr>
<tr><td>86</td><td></td><td rowspan="5">要介護ステージ</td><td rowspan="3">介護の始まり（86歳時）</td><td rowspan="3">家族介護＋通所（あるいは訪問介護や在宅介護を利用）</td></tr>
<tr><td>87</td><td></td></tr>
<tr><td>88</td><td></td></tr>
<tr><td>89</td><td>住み替え</td><td rowspan="2">重度介護・終末介護</td><td rowspan="2">特別養護老人ホーム</td></tr>
<tr><td>90</td><td></td></tr>
</table>

図13　シミュレーション①　《必要資金》

可能な限り自宅で

【ケース①－1】家族介護で通所リハビリを利用

項目		月額（円）	期間（カ月）	合計額（円）
自宅改修費		—	—	3,000,000
86～88歳	通所リハビリ費用（要介護3、介護保険1割負担、食事・おやつ代など）	25,000	36	900,000
	家族介護のための時短など収入減	50,000		1,800,000
89～90歳	特別養護老人ホーム利用料（要介護4、介護保険1割負担、個室利用料、食事代、その他日常生活の実費）	130,000	24	3,120,000
			総額	8,820,000
			月平均額	147,000

【ケース①－2】訪問介護、訪問入浴などでの在宅介護の場合

項目		月額（円）	期間（カ月）	合計額（円）
自宅改修費		—	—	3,000,000
86～88歳	訪問介護、訪問入浴などの介護費用（要介護3、介護保険外）	197,000	36	7,092,000
89～90歳	特別養護老人ホーム利用料（要介護4、介護保険1割負担、個室利用料、食事代、その他日常生活の実費）	130,000	24	3,120,000
			総額	13,212,000
			月平均額	220,200

含めないものとします。

在宅のまま要介護になったとき、介護は家族が行い、デイサービス（通所サービス）を利用するだけの場合と、同居家族に介護を期待できないために訪問介護や訪問入浴などのサービスを受ける場合が考えられます。


【ケース①-1】


まず、家族介護とデイサービス（通所リハビリ）だけを考えた場合です。

要介護状態になっても自宅で暮らす覚悟ですから、できるだけ自立した暮らしをするため、バリアフリーや車椅子での生活ができるように工事をすることを見込みました。その費用として300万円を考慮します。

要支援・要介護状態になってから行う工事では、工事費用最高20万円を限度として工事費の9割の補助金が支給されますが、ここでは自立のうちに自己負担で行う大工事を想定しています。水回りの段差の構造などによっては、もっと大きい費用が必要になると思われます。

介護生活が始まってから施設に入るまでの、通所リハビリ費用の介護保険による自己負担分とその他、月額2万5000円×3年間（36か月）で90万円。
さらに、家族が介護のために時短勤務をしたり、パートタイム勤務に変わったりした場合の収入減を月額5万円×3年間で180万円としました。
そこから最後の2年間は特別養護老人ホームに入り、月額13万円×2年間（24か月）で312万円とします。
これらの合計金額が882万円。5年間トータル平均の月額（60カ月）で考えると、14万7000円です。

【ケース①-2】

次に、家族介護に代わって訪問介護（身体介護・生活支援）や訪問入浴などを利用する場合では、介護保険外の本人負担が月額19万7000円で、3年間で約709万円。自宅改修費と最後の2年間は前の例と同じと考えて、総額で約1321万円。月当たり22万円ほどです。

在宅介護は最も費用が安くなる選択ですが、ケース①-2の場合には、「意外に高額」という印象を受けるのではないでしょうか。ケース①-1は金銭面以外にも家族には大きな負担が掛かりますから、その両方を考慮して考えることが必要です。

シミュレーション②

ギリギリまで自宅で暮らし、要介護生活が始まった86歳時に、「介護付有料老人ホーム」に住み替えをした場合のシミュレーションです。

都内の20平方メートルの個室で、入居金が必要とされるタイプの施設を想定しました。

この有料老人ホームの事例では、86歳時の入居一時金の額は900万円。これに部屋の賃料・管理費・食費・水光熱費・介護保険自己負担・介護上乗せ金（介護保険に含まれない介護サービス利用料）・医療費などの合計で毎月27万6000円かかります。

90歳までの5年間で必要な総額は2556万円。月当たりでは42万6000円

図14　シミュレーション②《ライフスタイル》

介護が必要になったら施設へ

年齢（歳）	ライフイベント	老後の3ステージ	介護時期	住まい・介護方法
60	定年	元気で当たり前のステージ		自宅
61～75（15年間）				
76～85（10年間）		不安とリスクのステージ		
86	住み替え	要介護ステージ	介護の始まり（86歳時）	介護付有料老人ホーム
87				
88				
89			重度介護・終末介護	
90				

図15　シミュレーション②《必要資金》

介護が必要になったら施設へ

介護付有料老人ホーム（民間の事例、都内、個室約20㎡）

項目		月額（円）	期間（カ月）	合計額（円）
入居金（入居時年齢別料金、居室・共用部家賃前払い、償却期間60カ月）		—	—	9,000,000
月額費用		276,000	60	16,560,000
月額費用内訳	賃料（非課税）	50,000		
	管理費（税込）	81,000		
	食費（税込）	65,000		
	水光熱費、電話代など	10,000		
	介護保険１割負担（要介護４）	22,000		
	介護上乗せ金（手厚い人員配置、介護保険外サービス利用料に相当）	38,000		
	医療費、おむつ代、理美容代、その他雑費	10,000		
			総額	25,560,000
			月平均額	426,000

です。

介護付有料老人ホームの入居金は、入居時の年齢によって異なる設定をしている施設もあります。若ければ若いほど居住期間が長くなると想定し、高額に設定する考え方です。

このケースでは入居時年齢が86歳と高齢だったため、入居一時金は比較的安い金額になりました。しかし月当たりではかなりの高額負担となります。年金でカバーできなければ貯蓄を取り崩すことになります。このような高額負担を避けるために、入居一時金のない介護付有料老人ホームに入居し、そこで特養に入居できるのを待つ人も多いようです。

シミュレーション③

この後の三つのシミュレーションは、自立のうちに「介護付有料老人ホーム」に入るケースを、その年齢別に見ていきます。

まず、「不安とリスクのステージ」が始まる76歳から介護付有料老人ホームに入居した場合のシミュレーションです。

元気なうちに入居するので、いろいろなことを楽しめるよう、ある程度広い部屋を想定しました。

76歳時の入居一時金の額は３５３６万円。ここでシミュレーションした施設では、入居一時金には終身に渡る月々の家賃が含まれています。

月額費用は、自立の期間（76～85歳）が22万２０００円、介護が必要になってから（86～90歳）は介護保険の自己負担などが加わり、25万円という見積金額になりました。

「都度徴収払いサービス」という項目がありますが、この施設では、料金表の中にどのようなサービスが対象となるか定めています。自立した状態のときでも、風邪やインフルエンザなどで寝込むことがありますが、自分で動くことができなくて、併設のレストランから食事を運んでもらったり、病院に付き添ってもらったりしなければならない事態が発生します。

この施設では、病気時１週間を限度に配膳をしてもらえます。それを超える配

図16　シミュレーション③《ライフスタイル》

元気なうちに施設へ

年齢（歳）	ライフイベント	老後の3ステージ	介護時期	住まい・介護方法
60	定年	元気で当たり前のステージ		自宅
61〜75（15年間）				
76〜85（10年間）	住み替え（76歳時）	不安とリスクのステージ		介護付有料老人ホーム
86		要介護ステージ	介護の始まり（86歳時）	
87				
88				
89			重度介護・終末介護	
90				

図17　シミュレーション③　《必要資金》

元気なうちに施設へ

介護付有料老人ホーム（民間の事例、都内、約40㎡）１人入居

項目	月額（円）	期間（カ月）	合計額（円）
引越費用・荷物処分など	—	—	300,000
入居金（入居時年齢別料金、居室・共用部家賃前払い、償却期間156カ月）	—	—	35,360,000
76～85歳の月額費用	222,000	120	26,640,000
86～90歳の月額費用	250,000	60	15,000,000

月額費用内訳			
月額費用内訳	76～90歳	賃料（非課税）	0
		管理費（税込）	140,000
		食費（税込）	59,000
		水光熱費、電話代など	10,000
		都度徴収払いサービス（入院時付添い、配膳など介護保険外サービス）	3,000
		医療費、理美容代、その他雑費	10,000
	86～90歳	介護保険１割負担（要介護4）	22,000
		おむつ代など	6,000

総額	77,300,000
月平均額	429,444

膳は有償。外部の病院への付添いなども有償として細かく料金表に定めています。利用頻度などを加味して、シミュレーション上では平均月額３０００円としておきました。

シミュレーション②に比べて、月額費用は少し安くなりますが、若い年齢での入居で入居一時金が高額になるため、総額は７７００万円以上、入居期間中の月平均額は約43万円とかなりの額になります。

地価の高い都内のホームは総じて金額的なハードルが高いですが、早めに入居することで新しい生活を楽しむ時間を持つことができます。「不安とリスクのステージ」にも対応できますし、介護状態になってしまっても、そのまま同じ場所でサービスを受けることができるので安心です。

シミュレーション④

今度はもっと早く、66歳で入居した場合のシミュレーションを見てみましょう。ここでは２つのケースを考えます。

図18　シミュレーション④《ライフスタイル》

入居時年齢に達したらすぐに入居

年齢（歳）	ライフイベント	老後の3ステージ	介護時期	住まい・介護方法
60	定年	元気で当たり前のステージ		自宅
61〜75（15年間）	住み替え（66歳時）			介護付有料老人ホーム
76〜85（10年間）		不安とリスクのステージ		
86		要介護ステージ	介護の始まり（86歳時）	
87				
88				
89			重度介護・終末介護	
90				

一つは東京都区内の施設に入る場合、もう一つは静岡県内の施設です。

介護付有料老人ホームへ入居するということは、その施設の部屋を「借りる」ということです。その賃料は一般の住宅の基準とほぼ同様です。

都心部で交通アクセスの良いマンションは家賃が高く、逆に都心から離れた所は家賃が安いように、施設に支払う家賃も都心部のほうが高くなっています。

自宅が都心にあっても、施設入居を機に少し落ち着いた場所に住みたいという人は、地域的にもいろいろな候補を考えてもいいでしょう。

【ケース④－1】

シミュレーション③と同じ施設への入居です。

入居金の額は4744万円。これに部屋の賃料が含まれていることは、先にご説明した通りです。

月額費用もシミュレーション③と同様ですが、総額で見ると1億1602万円という結果が出ました。入居期間中の月平均額は約39万円です。シミュレーション③と比べると、早期入居したために月平均額が約4万円低くなりました。

図19　シミュレーション④【ケース④-1】《必要資金》

入居時年齢に達したらすぐに入居（都内）

介護付有料老人ホーム（民間の事例、都内、約40㎡）１人入居

項目	月額（円）	期間（カ月）	合計額（円）
引越費用・荷物処分など	—	—	300,000
入居金（入居時年齢別料金、居室・共用部家賃前払い、償却期間204カ月）	—	—	47,440,000
66〜85歳の月額費用	222,000	240	53,280,000
86〜90歳の月額費用	250,000	60	15,000,000

月額費用内訳	66〜90歳	賃料（非課税）	0
		管理費（税込）	140,000
		食費（税込）	59,000
		水光熱費、電話代など	10,000
		都度徴収払いサービス（入院時付添い、配膳など介護保険外サービス）	3,000
		医療費、理美容代、その他雑費	10,000
	86〜90歳	介護保険１割負担（要介護４）	22,000
		おむつ代など	6,000

総額	116,020,000
月平均額	386,733

ただ、その人の経済状況によりますが、入居一時金は普通の人が出せる金額ではないという印象を受ける人が多いのではないでしょうか。

よほど金融資産があるか、自宅の売却額がかなり高額にでもならない限り、入居するのは難しそうです。また入居一時金を払えても月額費用22～25万円を払い続けなければいけません。

【ケース④－2】

静岡県内の比較的リーズナブルな施設に入居した場合の事例です。

部屋の面積は30㎡と、ケース④－1に比べると狭いですが、一人暮らしだと考えればそこそこ満足のいく大きさといえそうです。

入居金は2359万円で、家賃のほかに「介護等一時金、健康管理一時金」という名目の費用が含まれています。

「介護等一時金」とは、介護保険で決められた介護以上のサービスを受けるための費用で、シミュレーション③で説明した、一時的な病気のときの援助も含んでいます。入居時に先払いしておくことで、別途、費用を払わなくてもサービスが

図20　シミュレーション④【ケース④-2】《必要資金》

入居時年齢に達したらすぐに入居（静岡県内）

介護付有料老人ホーム（民間の事例、静岡県内、約30㎡）１人入居

項目			月額（円）	期間（カ月）	合計額（円）
引越費用・荷物処分など			—	—	300,000
入居金（居室・共用部家賃前払い、介護等一時金、健康管理一時金、償却期間180カ月）			—	—	23,590,000
66～85歳の月額費用			132,000	240	31,680,000
86～90歳の月額費用			160,000	60	9,600,000
月額費用内訳	66～90歳	賃料（非課税）	0		
		管理費（税込）	52,000		
		食費（税込）	60,000		
		水光熱費、電話代など	10,000		
		医療費、理美容代、その他雑費	10,000		
	86～90歳	介護保険１割負担（要介護４）	22,000		
		おむつ代など	6,000		
				総額	65,170,000
				月平均額	217,233

受けられるという仕組みになっています。

「健康管理一時金」とは、入居している期間の定期健康診断を含む健康管理の費用です。

総額では6517万円。そう聞くと、やっぱりそんなにかかるのか、と思われることでしょう。しかしこれを月平均に計算すると、22万円弱。自宅にいてかかる金額と遜色ないのではないでしょうか。

このように、あまり入居金の高額でない施設を選び、その入居金さえ工面できれば、比較的安価で一生分の安心を得ることができるといえます。

入居金は決して小さな金額ではありませんが、自宅を売却したり退職金の一部を使ったりすることを視野に入れると、非現実的な選択ではありません。

シミュレーション⑤

最後は、定年直後の61歳から「高齢者マンション」に入居し、さらに「不安とリスクのステージ」が始まる76歳で「介護付有料老人ホーム」に入居した場合の

図21　シミュレーション⑤《ライフスタイル》

好きな所に住んでから、自立の内に介護施設に住み替える

年齢（歳）	ライフイベント	老後の3ステージ	介護時期	住まい・介護方法
60	定年	元気で当たり前のステージ		自宅
61～75（15年間）	住み替え（61歳時）			高齢者マンション
76～85（10年間）	住み替え（76歳時）	不安とリスクのステージ		介護付有料老人ホーム
86		要介護ステージ	介護の始まり（86歳時）	
87				
88				
89			重度介護・終末介護	
90				

シミュレーションです。

61歳のときに1300万円で海の見える温泉付きの中古高齢者マンションを購入。15年後に350万円で売却し、76歳で介護付有料老人ホームに住み替えます。

このシミュレーションでは、まずは、早めのリタイアをして、好きな場所で、海沿いの散歩を毎日楽しんだり、ゆったりと温泉に浸かったりと、自由な暮らしを楽しみ、「不安とリスクのステージ」に入ったら、最後まで安心して暮らせる施設への住み替えを想定しています。その施設はシミュレーション④のケース④-2と同じです。

入居金は2359万円（この施設は年齢によって入居金が変わりません）、61歳から終身に渡る総額は、8585万円と高額になりますが、月平均額は約24万円です。

かなり現実的な数字になりました。それは中古マンションを前提として、売ったときの差損が大きくならないように見込んでいるからかもしれません。現実にはマンションの価格が下落したり、場合によっては買い手が付かず売却できないリスクや、売れないまま管理費を払い続けなければならないリスクがあることを、

図22　シミュレーション⑤　《必要資金》

好きな所に住んでから、自立のうちに介護施設に住み替える

61～75歳：高齢者マンション（静岡県内、1LDK 約60㎡、中古）
76～90歳：介護付有料老人ホーム（民間の事例、静岡県内、約30㎡）１人入居

	項目	月額（円）	期間（カ月）	合計額（円）
61～75歳	引越費用・荷物処分など（自宅→マンション）	—	—	300,000
	購入価格	—	—	13,000,000
	購入仲介手数料	—	—	450,000
	管理費・修繕積立金	85,000	180	15,300,000
	食費	50,000	180	9,000,000
	光熱費、電話代など	10,000	180	1,800,000
	売却価格	—	—	-3,500,000
	売却仲介手数料	—	—	170,000
76～90歳	引越費用・荷物処分など（マンション→老人ホーム）	—	—	300,000
	入居金（居室・共用部家賃前払い、介護等一時金、健康管理一時金、償却期間180カ月）	—	—	23,590,000
	76～85歳の月額費用	132,000	120	15,840,000
	86～90歳の月額費用	160,000	60	9,600,000

	月額費用内訳		項目	月額（円）
76～90歳	月額費用内訳	76～90歳	賃料（非課税）	0
			管理費（税込）	52,000
			食費（税込）	60,000
			水光熱費、電話代など	10,000
			医療費、理美容代、その他雑費	10,000
		86～90歳	介護保険１割負担（要介護4）	22,000
			おむつ代など	6,000

総額	85,850,000
月平均額	238,472

認識しておく必要があります。

また、このシミュレーションに限ったことではありませんが、見積り以上の出費が発生したり、想定しないことが起こったりしたときに備え、まとまった資金を取っておくことを考えておかなければいけません。例えばシミュレーション④であれば、施設に入居した時点で最期まで安心して暮らせる見通しが立ちますが、予備費として1000万円くらいを考えておく、といった具合です。

先にお話ししたように、このシミュレーションはライフスタイル別の費用を明らかにするものでした。選ぶ施設によって、そのコストは、もっと高くなったり、低くなったりします。ぜひ、気になる施設の料金表を調べ、ご自身でシミュレーションをしていただきたいと思います。

理想通りにいかないからこそのシミュレーション

さまざまなシミュレーションを見てきましたが、あなたが選ぶ老後はどのような生活になるでしょうか。

本章の冒頭で、老後の住まい選びを楽しみながら考えていただきたいということをお話ししました。実際にそのように読んでいただけたなら幸いです。

しかし同時に、「そんなにうまくいくだろうか」という考えも出てくるのではないでしょうか。

もちろん、どれだけ詳細にシミュレーションをしても、その通りに進むとは限りません。むしろ現時点での予定通りにはいかないことのほうが多いでしょう。

自宅で家族に面倒を見てもらえるはずだったのに、その家族が病気になってしまうかもしれません。70歳から施設に入ろうと思っていても、65歳で介護が必要になるかもしれませんし、「リーマン・ショック」のような予想もできない出来事によってうまく資産形成ができなくなるかもしれません。

逆説的なようですが、だからこそのシミュレーションなのです。
しっかりとシミュレーションできていれば、どこかの条件が適わなくなったとしても、それ以外の条件に適う場所であればいいという判断ができるはずです。

“老後の住まい方”三択とそれぞれの準備

あなたにいちばん合っているライフスタイルは、どれになったでしょうか。あるいはどれが近かったでしょうか。具体的な準備は、このライフスタイルが決まってからのことになります。準備とは、資金の準備、施設選び、住み替えのための準備、自分が動けなくなったときに援助してくれる人への依頼などの課題を計画、実施していくことです。

繰り返しになりますが、代表的な三択は以下の三つです。

①最期まで自宅で

②介護が必要になってから施設へ
③元気なうちに施設へ

この選択それぞれに準備することがあります。

①を選択したら、

●何といっても、支えてくれる同居家族と話し合い、お互いの了解をつくっておく
●家族が支え切れなくなったときには、どうしてほしいかも話し合って決めておく

②を選択したら、

●介護が必要になったときに、施設選び、住み替えの段取りや、身元引受人を依頼できる人を決めておく。同居家族や子供がいなければ、甥や姪、あるいは友

人でしょうか

●依頼を請け負ってくれる人が決まったら、どんな施設に入居させてほしいかという希望や、予算などについても話しておく

●そのためには、予算の範囲でどのような施設が選べるかなど、動けるうちに自分の問題として研究しておく

●希望する施設に入れなかったときの次善策についても話し合っておくと、施設探しを請負った人は、依頼人のあなたに代わって判断がしやすくなる

③を選択したら、

●自分が動けるうちに自ら入居する施設を選ぶ

●入居に当たって、身元引受人を依頼できる人を決めておく

●もちろん、資金をつくる

以上、どれにも共通して、財産の処分、看取りや治療の方針、亡くなった後の

葬儀など、自分ができなくなってから、どうしてほしいかを人に託すしかないことがあります。これについては、もしものときのための準備を解説した他書に詳しいのでここでは割愛します。

三択に向き合いどれかを選ぶことが、老後の住まいを選ぶスタートになります。ここからは、具体的な住まい選び・施設選びにお話を進めていきます。第5章では、特に〝自分の終い方〟に自分で決着を付けたい方のための〝終のすみか〟を選ぶことに紙幅を割きました。つまり、「元気なうちに施設へ」を選んだ方を想定しています。「最期まで自宅で」「介護が必要になってから施設へ」を選択した方にも、「施設を選ぶ方法」という点で参考になれば幸いです。

第５章

最期まで安心して過ごせる〝終のすみか〟

「施設に入れば安心」ではない

本人と施設のミスマッチ

第4章でさまざまなライフスタイルのシミュレーションをしてみました。どのスタイルにもメリットと考慮すべき留意点があることがお分かりいただけたことと思います。

実際には、介護が必要になってからどこかの施設に入るというのがいちばん多いパターンのようですが、必要に迫られてから施設選びをすると、思ったような施設に入居できない恐れがあります。

また、以前は高齢者施設のほとんどが自治体や社会福祉法人によって運営されていましたが、２０００年の介護保険法の施行後、株式会社などの営利を目的とした民間業者が次々と参入し、これまでなかったような施設やサービスが登場するようになりました。

知識やリサーチ力があれば、自分にぴったり合った施設が選びやすくなった反面、施設の特徴をよく理解しないまま入所してしまったことによるミスマッチも起こりやすくなっています。

ある80歳の男性の例です。

要支援1、一人暮らしの不安を感じるようになったことで、ある施設に入居しました。

多少足腰が不自由なだけで認知力はしっかりしていましたが、入った施設は半分以上の人が車椅子生活で、認知症を発症している人も多くいました。

重度の介護が必要な人が多くスタッフの負担が大きいためか、日々のルーティンが厳格に決められていました。同じ時間にみんなでレクリエーションをして、食事は施設内の食堂で一斉に摂らなければいけません。

そうしたルールの煩《わずら》わしさや周囲に溶け込めないでいたことから、本人は部屋食を希望しましたが、「ここではそういうことはしていない」と拒否されてしまいました。交流する相手もなく、部屋にこもりきりになりつつあり、「こんなはずじゃなかった。これなら自宅に一人でいたほうがまだましだった」と嘆いています。

最期まで守ってくれるか

施設に入れば、そのまま最期まで過ごせると考えている人は多いだろうと思います。しかし、どの高齢者施設でも最期まで住むことができるかというと、そうではありません。

例えば病気による入院などで一定期間以上施設を離れると、退院後に元いた施設には戻れない場合もあります。

ある女性は、81歳の母親が「特別養護老人ホーム（特養）」に入居できたことで、「これで心配もなくなる」と心底ほっとしました。

ところが入所して9カ月後に、母親が大腿骨骨折で入院することになってしまいました。高齢のため入院期間は長引き、その後、リハビリ施設に移されました。

そこから2週間ほど経っても、特養に戻れる見通しは立っていません。知人に話すと、「そんなに長く、特養を離れていたら、ほかの人が代わりに入居しちゃうんじゃない？」と言われました。特養に聞いてみると、原則として3カ月以内に戻る見込みがない場合は、退所しなければいけないと言われたそうです（厚労省は、「特養」の運営について、入院後3カ月以内に退院することが明らかに見込まれるときは、利用者や家族の希望を勘案し、便宜を図るよう指導しています）。

どうにもならなければ自宅に戻すしかないわけですが、いま戻ってきても介護ができないと悩んでいます。

ほかにも、お父さんが施設に入っているという方から、「父の容態が急変したとき、『親御さんの病状が悪化して、救急車で病院に搬送することになりました。うちの施設では救急車への付き添いは行っていないので、すぐに来てください』と言われた」という話を聞いたこともあります。

こうした例では、入居者本人もそのお子さんも、「施設に入ったから、これで安心」と思っていたのに、そうではなかったわけです。

もちろん、施設の側にも言い分はあります。どの事例も、入居の際に施設側からの説明があったはずです。口頭で説明されてはいなかったとしても、契約の際に交わした文書には説明がなされているはずです。

そのあたりをしっかり確認しないまま入居を決めてしまうケースが多いようです。事前にどんなサービスをしてくれる施設なのかを、しっかりと調べてから選ばなければいけません。

高齢者施設にはたくさんの種類があり、自分が望むサービスを受けられるかどうかといった詳細は、とても分かりづらくなっているのが実情です。この後は、実際に施設を選ぶ上で知っておきたい情報などを紹介していきます。

溢れる情報を正しく理解する

「サ高住」について

高齢者施設にはたくさんの種類がありますが、その中でも最近増えてきて、特に注目されるのが、「サービス付き高齢者向け住宅」、通称「サ高住」です。読者のみなさんもこの名前を聞いたことがあるのではないでしょうか。

高齢者施設を選ぶ上でサ高住についての知識は必ず必要になってくると思いますので、ここで詳しくお話ししておきます。

サ高住は、国交省と厚労省が共管する「高齢者住まい法」に基づいて2011年に制度化されました。安否確認と生活相談のサービスが付いたバリアフリー住宅と考えればよいと思います。

これまで高齢者が賃貸住宅に住もうとしても、高齢であることを理由に貸主から入居を断られる問題がありました。そうした問題の解消と、健康に不安のある高齢者が安心して借りられる受け皿を増やすことを狙いとして「高齢者住まい法」が改正されました。設置基準を満たせば、事業者は補助金がもらえるところから、一挙にたくさんのサ高住が作られるようになりました。

サ高住の大きなメリットの一つに「入居のしやすさ」が挙げられます。

基本的に、自力で身の回りのことができる60歳以上の人を対象としています。長期入院などを理由に、貸し手が一方的に契約解除できない仕組みになっているので、その点では安心です。

また「有料老人ホーム」などとは異なり、高額な入居一時金は必要ありません。基本的に敷金を払えば入居できます。月の費用は家賃、管理費、食費、共益費などがかかります。地域の家賃相場やサービス内容によって異なり、10万円～30万円程度と幅があります。

部屋は原則として25㎡以上とされています。さほど広くはありませんが、トイレや浴室、キッチンも付いており、高齢者の一人暮らしとしては十分な広さといえるのではないでしょうか。

また建物内はバリアフリー仕様になっており、廊下やトイレには手すりが設置されています。

安否確認と生活相談のサービスが付いているという意味で「サービス付き」と表記されますが、この言葉がたくさんの誤解を招いています。

高齢者に対するサービス付きとあれば、介護やその他生活全般に対するサービスをイメージしますが、実は法律的にサ高住に義務付けられているサービスは、安否確認サービスと生活相談サービスの二つだけであり、要介護状態になったときの身体介護などは含まれていません。「介護付有料老人ホーム」などの施設とは異なり、基本はあくまでも「賃貸住宅」なのです。

介護が必要な入居者は、各自で在宅サービスを利用することになりますが、最近では施設内に介護事業所を併設して、介護サービスを提供する所も増えてきています。また、数は少ないですが、サ高住の一部にはこの後ご説明する「特定施設」の指定を受けた施設があり、そこでは施設内のスタッフによる介護を受けることができます。

サ高住は避けるべきだと言いたいわけではありません。サ高住は当初の意図とは異なり、要介護者の受け皿として発展しており、サービス面で有料老人ホームと遜色のない施設も出てきています。イメージだけで捉えるのではなく、その施設がどんなサービスを提供しているのか正しい情報を得ることで、〝自分の終い方〟に適う場所として選択可能かどうか、自分で判断するという姿勢が必要です。

操作される情報

インターネットなどの普及により、社会は急激に情報化しています。たくさんの情報が得られるのは非常に便利ですが、その情報が「真実」を伝えているかどうか、しっかりとジャッジする目が必要です。

最近私は、ある中高齢者専用分譲マンションのＷＥＢ広告を見て首をひねりました。図23はその広告の一部をアレンジしたものです。

私が恣意《しい》的操作を感じるのは「有料老人ホーム」のところです。

図23　ある中高齢者専用分譲マンションのWEB広告

中高齢者専用分譲マンションと有料老人ホームの違い

	自宅	**中高齢者専用分譲マンション**	有料老人ホーム	サービス付き高齢者向け住宅
生活の自由	○	○	×	△
見守り・医療・介護・健康支援	×	○	◎	○
居室の広さ	—	約60㎡	約20㎡	約20㎡
資産価値	○	○	×	×
権利方式	所有権	所有権	利用権	賃借権

※この表は一般的な運営を基準に作成しています。有料老人ホーム・サービス付き高齢者向け住宅の条件は各施設によって異なります

いちばん上の「生活の自由」が×で、その下の「見守り・医療・介護・健康支援」が◎。

これではまるですべての有料老人ホームに生活の自由がないかのようです。「有料老人ホームとは、要介護度の高い人がお世話になる所」と思っている人が見れば、「ああ、手厚い介護が受けられても、やっぱり有料老人ホームは自由が利かないんだな」と思うことでしょう。

すでにお話しした通り、有料老人ホームには、自立入居もできる施設もあります。そこでは自宅にいたときと同じようにマンション形式のバス・トイレ・キッチン付きの部屋に住み、自由に外出したり、自分の部屋に身内や友人を泊めたりすることもできます。

囲碁・将棋などはもちろん、園芸や手芸を楽しむ場所、温泉、ジム、プールなどがある施設もあります。中には、スポーツジムにトレーナーがいて、入居者の健康を管理してくれたり、元気なときの生活をエンジョイするためのコンシェルジュがいたりする施設もあります。

問題なのは、この広告が「ほんの一部の真実を表しているに過ぎない」点です。

高齢者向け分譲マンション購入を促すための「印象操作」だと言わざるを得ません。もっとも、表の下にはただし書きとして、小さく「この表は一般的な運営を基準に作成しています。有料老人ホーム・サービス付き高齢者向け住宅の条件は各施設によって異なります」とあります。ただ、これを読む人がどれだけいるでしょうか。

施設や事業者が一方的に伝える情報だけでは真実は見えてきません。もちろん、私がコンサルティングをしている施設を宣伝したいわけでもありません。

与えられた情報を鵜呑みにすることなく、自分は「こうして暮らしたい」、「こんなことをしたい」という願いが叶うかどうかという自身の視点を定めて、自分で調べたり、実際に施設の見学に行ったりして、「本当の情報」を蓄えていってほしいと願うものです。

「特定施設」という基準

高齢者施設を選ぶ場合、一概にどんな施設が安全だと言うことはできませんが、施設の介護の体制について「特定施設」であるかどうかを一つの基準にしてみることができます。

特定施設とは、都道府県から「特定施設入居者生活介護」の指定を受けている施設のことで、高齢者が可能な限り自立した毎日を過ごすことができるよう、食事・入浴などの介護その他の日常生活における支援や機能訓練などのサービスを受けることができます。

従来は、同じ種類の施設でも、介護が付いている場合とそうでない場合がありました。そのような状況を踏まえて、厚労省は２０１５年に「特定施設入居者生活介護の指定を受けていないホームにあっては、広告、パンフレットなどにおいて〝介護付き〟〝ケア付き〟などの表示を行ってはいけない」との方針を出しました。「介護付有料老人ホーム」などのように「介護付」や「ケア付」と表示できるのは、この特定施設の指定を受けている施設に限られます。

指定を受けるための基準には、

●看護職員と介護職員の比率は、要介護者３人に対して１人以上であること

●機能訓練指導員を1人以上配置していること
●介護計画作成担当者を1人以上配置していること

など、いろいろな規定が定められています。

これらは、介護保険制度における基本的な介護サービスの在り方を示したものといえます。特定施設はこの基本サービスを提供することを前提に、要介護度ごとに定められた介護報酬を受けることができます。

その施設の利用者は、要介護認定を受け、「特定施設入居者生活介護契約」を結び、介護サービスを受けます。

最も重い要介護5の場合、介護報酬は月額で23万9400円となり、利用者は1割（合計所得金額が一定以上になった場合は2割）に相当する金額を本人負担として支払います。1割負担の場合には2万3940円となる計算です。「包括報酬」という仕組みですが、固定金額なのでいくらかかるかが明らかです。

また、特定施設の指定を受けた多くの有料老人ホームでは、介護保険の定めた基本サービス以上に手厚い介護サービスを提供している所があります。もちろん、そうした手厚くなったサービス分の費用は利用者が支払います。入居一時金として払うケースや上乗せ費用などの名目で毎月支払うことになります。

施設の中には、例えば、要介護者2・5人に対して1人の介護・看護職員を配置したりしています。基本の「3：1」に対して「2・5：1」、さらには「2：1」などと謳《うた》って、手厚い介護サービスをアピールしている所もあります。

ただし、要介護者数に対する介護・看護職員の数は人員配置を示しているだけなので、具体的にどのようなサービスをしてもらえるのかを確かめたいものです。

本章の後半でもお話ししますが、介護サービスがどれだけ充実しているかという判断については、どんな状態になったときに何をしてもらえるのかという、ケアプランの説明を受けた上で考えてもらいたいと思います。そうすることで、利用者の視点で確認ができます。

「介護付有料老人ホーム」という一つの答え

〝終のすみか〟となりえる施設は

結論までが長くなってしまいましたが、ここから、自分の人生を自分で終うのに、どんな施設がふさわしいのかをお話ししていきます。

本書は、一人老後が増える時代における〝自分の終い方〟を、ご自身で考えていただくためのものです。つまり、家族に介護を頼ることを前提とせず、かつ自分の望みを叶え、人生を全うするための住まいでなければなりません。そうした施設を〝終のすみか〟として考えていきます。

安心して老後を暮らすための施設の絶対条件は、「最期まで守ってもらえること」だと考えます。重度の介護が必要になっても守ってもらえる、つまり、どのような要介護状態になっても亡くなるまで、必要な介護サービスが付いていることということです。

また、そこに〝自立のうちに〟入居できることを加える必要があります。

繰り返しお話ししているように、介護が必要になってから施設選びをするのは大きなリスクを伴います。「不安とリスクのステージ」においては、突然、要介護状態になるリスクもあります。そのようなことから、頼る人がいなければ自分で引越適齢期（引越可能限度期）が終わる前に、気に入った住まい・施設を決めて住み替えを終えてしまう必要があります。

さらに、自立のうちに入居しても、「不安とリスクのステージ」で起こるさまざまな問題に手を打ってくれる施設であれば、より安心です。

要介護状態にならなくとも、風邪を引いたり、一過性の病気になったりすることはあります。そのときに、家族に代わって、食べやすい食事を作って配膳してもらえたり、病院に付き添ってもらえたりしたら、どんなに心強いでしょう

早い段階から入居することで、生涯の安心が担保されますし、老後の人生を積

極的に楽しむことができます。入居したからリタイアということではありません。入居しても仕事を続けることができる施設であれば「元気で当たり前のステージ」の可能性が広がります。いまでは自室でできる仕事もたくさんあります。

では、これらの条件を理想的なかたちで満たすのは、どんな施設でしょうか。まず、施設類型別に想定される入居時期（ステージ）を表記してみました（図24）。「特別養護老人ホーム」「介護老人保健施設」「介護療養型医療施設」。これらは皆、要介護状態になってから入居する施設です。また、「介護付有料老人ホーム」には、入居時に「要支援・要介護」であることを求めている施設と「自立」であることを求めている施設とがあり、前者も要介護状態になってから入居する施設です。「サ高住」は自立のうちに入居できます。賃料など月額利用料を払う限り滞在できますが、「介護付き」と謳っていなければ、重度の要介護状態になったときに、最期までいられるかどうかは疑問です。

「住宅型有料老人ホーム」「健康型有料老人ホーム」も自立のうちに入居できますが、基本的に介護サービスが付いていません（詳しくは193ページの図25をご覧ください）。

図24　施設類型別の想定される入居時期(ステージ)

	「元気で当たり前のステージ」で入居する候補	「不安とリスクのステージ」で入居する候補	要支援・要介護になってから入居する候補
特別養護老人ホーム(特養)			○
介護老人保健施設(老健)			○
介護療養型医療施設(療養病床)			○
介護付有料老人ホーム(特定施設)※入居時要件:要支援・要介護			○
サービス付き高齢者向け住宅(サ高住)		○	○
住宅型有料老人ホーム		○	○
健康型有料老人ホーム		○	
高齢者用分譲マンション	○	○	
介護付有料老人ホーム(特定施設)※入居時要件:自立	○	○	

注)本文中の「自立入居型介護付有料老人ホーム」とは、上記の「介護付有料老人ホーム(特定施設)※入居時要件:自立」の類型を指す

「高齢者用分譲マンション」では基本的に介護が必要になれば、外部のサービスを使うことによって対応しなければなりません。自宅で必要な在宅サービスを積み上げたときに、想像以上の利用者負担料金となった事例（134ページ「シミュレーション①」のケース①-2）をお話ししましたが、亡くなるまでの間にいくらの費用を払わなければならないか分からないようでは、とても安心とはいえません。

私はこうした比較の上で、〝終のすみか〟の最も有力な候補は、「自立入居型介護付有料老人ホーム」だと考えます。

ほかの施設では、冒頭に挙げた条件をすべてクリアするのは難しいといえます。

そこでここからは、〝終のすみか〟の条件に最も適う可能性の高い施設として、自立入居型介護付有料老人ホームを念頭に置いてお話を進めていきます。

もちろんこれから、ほかの類型の施設にも〝終のすみか〟の提供を目指したモデルが出てくるかもしれません。逆に、自立入居型介護付有料老人ホームのすべてが条件を満たしているわけでもありません。

どんな条件が揃っていれば〝終のすみか〟となり得るかは、自分でしか決めることができません。自分だけの基準をどうつくるかについては、項を改めてお話していきます。

有料老人ホームの生い立ちと変遷

お話の流れから少し外れますが、ここで「有料老人ホーム」の生い立ちと変遷についてひも解いてみます。

日本で最初に出来た有料老人ホームがどこかについては諸説がありますが、1950年代半ばには、簡易保険加入者や厚生年金受給者のための老人ホームが出来ています。居室は一間、トイレや風呂も共同利用。日々の食事を提供することが主な目的でした。費用は入居時の敷金と毎月の家賃、食事代、管理費などです。しかし、介護が必要になったら退去しなければならなかったそうです。

1963年には「老人福祉法」が制定されます。それまでは、高齢者福祉に関わる法律はなく、生活に困った高齢者を救済する養護施設のみが「生活保護法」に規定されていました。老人福祉法によって初めて、すべての高齢者を対象にした福祉の在り方が示されます。新たに「特別養護老人ホーム」「経費老人ホーム」などが老人福祉施設に加わると共に、初めて「有料老人ホーム」が規定されました。

その規定の中で、有料老人ホームについては「常時、10人以上の老人を入所させ、食事の提供や日常生活上必要な便宜を供与することを目的とし、老人福祉施設でないものをいう」とあります。1950年代に生まれた有料老人ホームを法律が後から追認したようなかたちです。

ここで、注目すべきことは、「介護」の提供が含まれていないことです。「介護」は、「特養」などの「老人福祉施設」が提供するものという考え方が支配的だったのでしょう。いまでは有料老人ホームのサービスに介護が含まれるのは当たり前になりましたが、この段階では、有料老人ホームにはまだまだ〝終のすみか〟というコンセプトは姿を表していません。

1960年代は、高度経済成長によって世の中に大きな変化が生まれた時代です。生活が豊かになると共に核家族化が進みます。このことについてはすでに述べましたが、個人主義の広まりと共に、親子関係の中にも、自分の介護で「子どもに迷惑を掛けたくない」という考え方を持つ人も現れるようになりました。しかし当時の状況下では、自らの老後を子どもに迷惑を掛けずに、ゆったりと過ごせるような住まいは、まだ出現していませんでした。

1970年代に、初めて時代の期待に応えた新しい高齢者福祉事業が誕生することになります。1973年に「ゆうゆうの里」の運営母体である日本老人福祉財団が創設されました。現在では「ゆうゆうの里」は7箇所にありますが、その一つ目が1976年に浜松に開設されます。

当時マスコミの注目を集め、「〝健康な時は生き生きした老後を送り、病気になれば最後まで面倒をみる〟というのが、同財団のねらいで」(『朝日新聞』首都圏版1976年2月19日付)と、事業コンセプトが紹介されています。

新しい事業がどのようにして生まれたかについて、調査研究を続けてきた同財団の幹部OBの方にお話を聞きました。老後の安心のために、当時まだなかった「介護付」施設を開発(介護居室は開設から4年後に完成)。自立者仕様の広い居室、充実した共用施設(食堂、大浴場、体育室、娯楽室、集会室など)。いずれも、「それまでの有料老人ホームの常識を変えてしまう事業構想」だったそうです。

料金についてもそれまで常識であった毎月賃貸料を支払う家賃方式ではなく、

全く新しい体系を導入しました。高度成長下の物価上昇を反映して家賃が上がるようでは、リタイアした高齢者に安心してもらえないからです。退職金で入居金を支払うことができ、年金の範囲で毎月の費用を支払い、生活ができる安心の一時金払いシステムを設計し、導入しました。

相互扶助の仕組みを持ったビジネスモデル

「ゆうゆうの里」のウェブサイトには、自立で入居して生活利便サービスを受けながら、老後の生き甲斐ある暮らしができるのはもちろんのこと、要支援、要介護状態になっても最期まで暮らすことができる施設であることが書かれています。

契約時に払う入居金には、

- ●入居一時金：居室と共用施設を終身利用するための家賃相当額
- ●介護等一時金：介護保険給付対象外の介護サービスに対する費用
- ●健康管理一時金：健康管理や人間ドックの費用

が含まれていることが分かります。なお、毎月の費用としては管理費や食費などがかかります。

この入居金によって、最期までこの施設に住み、要介護状態になったときにも、介護保険の給付を受けながら、それ以上の手厚い介護サービスを受けることができます。

ただし、ご入居者様が何歳まで生きるかは誰にも予測不可能です。実際には重度の要介護状態のまま長生きする方もいれば、早くに亡くなってしまう方もいます。余命に関係なく亡くなるまで住むことができ、必要な介護が受けられるとしたらどれだけ安心でしょうか。

これは「相互扶助」ともいうべき仕組みです。相互扶助は保険の制度に原型を見ることができます。例えば損害保険は、あらかじめ決まった保険料を支払い、損害を被《こうむ》ったときに保険金が下りる安心の仕組みです。

一時金という方式は、事業者の管理責任が問われるのはもちろんのことですが、事業を成り立たせる仕組みや、一時金管理のシステムが必要です。先述のＯＢの方は、この事業や仕組みの設計を担当した方に取材し、「事業を成り立たせるためのシステムが周到に考えられた」と、その様子も話してくださいました。

ビジネスコンセプトをつくる過程で、欧米のリタイアメントコミュニティも参考にしたようです。第1章で、アメリカの高齢者コミュニティについてお話ししました。それは治安の良い場所でリタイア後の生活を楽しむためのコミュニティであり、そこにある住まいは不動産として購入するものでした。

そうしたモデルを参考にしつつも、「ゆうゆうの里」は〝終のすみか〟としてその先を見ていたことが分かります。

以上のことから、「ゆうゆうの里」は、いまでこそ自立入居型介護付有料老人ホームという類型に入っていますが、時代の要請に応える新しいビジネスモデルであったといえます。

もちろん、だからといって「ゆうゆうの里」を選ぶべきだと言いたいわけではありません。この後お話ししていきますが、誰かの基準に頼ることなく、自分の基準をつくり、直接、確かめていっていただきたいと強く望みます。

なお、ここではビジネスモデルを説明するために「入居金」の背景を中心に説明しました。管理費の詳細や月々の費用の目安に関わる情報は、ホームページなどをご確認ください。

〝終のすみか〟の条件は自分で決める

〝終のすみか〟選びの基本ステップ

たくさんの選択肢がある中で、どの施設が自分の〝終のすみか〟になるかを判断していかなければいけません。まさに自分の将来を決める一大イベントです。「もしも満足できなければ選び直せばいい」というようなやり直しはできません。

一大イベントの過程をこれからお話ししていきますが、最初に〝終のすみか〟を選ぶ手順を簡単にまとめておきます。

①〝老後の住まい方〟三択のいずれにするかを決める（「5つのシミュレーショ

ン」のようなバリエーションを含む）
②その住まい方ができると思われる候補をいくつか選ぶ
③どの施設が自分にふさわしいか、自分の選択基準をつくる
④候補施設を比較しながら、選択基準に適う候補を絞り込む
⑤候補を絞り込んだら、納得がいくまで確かめる
⑥入居後の暮らしのイメージが広がるように、体験入居でシミュレーションする
⑦予算に適う部屋を決める。空室がなければ待機登録をする
⑧引越しに必要な準備をする
⑨契約に必要な諸手続の準備をする

①については、第4章でお話ししました。多くの人が、どんなライフスタイルにするのかを決めずに、いきなり実際の部屋を見て決めようとしたり、重要事項説明書を確認しようとしたりします。まさに「木を見て森を見ず」です。必ず〝老後の住まい方〟三択を決めてから、実際の施設選びに入っていただきたいと思います。

実際の施設選びは、三択の決定に基づいて考えることになります。三択のどれにするかをしっかり決めていれば、自分の求める条件に適わない施設を比較するようなこともなくなります。

もちろん、三択を決めるために、情報を集めたり、施設を見学していただきたいと思いますが、その目的はあくまでライフスタイルの比較のためと考えてください。三択を決めた後、どの施設にするかという比較のために情報収集をしていきますが、三択を決める前とは意味が異なってきます。

まずは広く情報収集を

次に、ステップ②「その住まい方ができると思われる候補をいくつか選ぶ」に進みます。

ただ、早い検討段階では比較する考えも明確になっていないと思います。検討を進めるに従って、考えがだんだんと確かになっていくはずです。とりあえず難しいことは考えず、身の周りにどのような施設があるのか、第4章で決めた〝老後の住まい方〟三択にふさわしい施設があるのかどうか調べましょう。

そのために、まずは広く情報収集をしたいですが、闇雲にパンフレットを取り寄せるのは意外と面倒です。また、それぞれの施設で表現が違うため、ある程度絞り込んでから比較検討できるように、不明なところは、見学したり質問したりして確かめなければなりません。

すでに施設に入居している人に、ほかにどんな施設をリストアップしたかを聞くという方法もありますが、そう都合よく該当する人もいないでしょう。いずれにしても詳細を検討する前に、おびただしい数の施設の中から何らかのフィルタにかけて、詳細検討する対象を絞り込むのが最初のステップです。

フィルタにかける手段として、民間の施設探しのためのポータルサイトもありますし、全国有料老人ホーム協会の登録ホームであれば、協会のホームページから、「類型」、自立か要介護かという「入居時要件」、「所在地（都道府県・市区町村）」などの条件を指定して、該当する施設の一覧を表示することができます。検索結果一覧には、費用の目安も書かれており、おおよその絞り込みができると思います。

ここでいう「類型」は、以下のように分類されており、その中から選ぶようになっています。

●介護付有料老人ホーム（一般型特定施設入居者生活介護）
●介護付有料老人ホーム（外部サービス利用型特定施設入居者生活介護）
●住宅型有料老人ホーム
●健康型有料老人ホーム

この四つの有料老人ホームの類型のほかに、協会に登録された

●高齢者用分譲マンション
●サービス付き高齢者向け住宅

という種類が掲載されています。

有料老人ホームの四つの類型については、厚生労働省が２０１５年3月30日に

改正した「有料老人ホームの設置運営標準指導指針」の中で説明をしているので参考にしてください（図25）。

サイトの検索事例として、検索条件を「自立入居」「介護付有料老人ホーム（一般型特定施設入居者生活介護）」「東京都」とチェックし、市区町村から私の住む区を指定しました。以上の検索によって、条件に該当する5件の施設がリストアップされました。「自立入居」を満たす施設が意外と少ないことが分かります。

また、厚生労働省の「介護事業所・生活関連情報検索」というウェブサイトもお勧めです。図26は、このサイトで私が実際に「介護付有料老人ホーム」を探すために、自分の住む地域でどのくらいの数の施設が該当するかを検索した画面をアレンジしたものです。

ここではなるべくたくさんの候補施設を出すために、入居一時金の上限などの条件指定はしていません。費用が予算内に収まらなければ、後から除くことにしました。ただし、入居者数は100人以上としました。規模が大きいほうが、共用部が充実していそうだと思われますし、コミュニティの友好関係を維持する上でも都合が良さそうだと考えたからです。

図25　有料老人ホームの類型

介護付有料老人ホーム（**一般型特定施設**入居者生活介護）	**介護等のサービスが付いた**高齢者向けの居住施設です。介護が必要となっても、当該有料老人ホームが提供する特定施設入居者生活介護を利用しながら当該有料老人ホームの居室で生活を継続することが可能です。（**介護サービスは有料老人ホームの職員が提供**します。特定施設入居者生活介護の指定を受けていない有料老人ホームについては介護付と表示することはできません。）
介護付有料老人ホーム（**外部サービス利用型特定施設**入居者生活介護）	**介護等のサービスが付いた**高齢者向けの居住施設です。介護が必要となっても、当該有料老人ホームが提供する特定施設入居者生活介護を利用しながら当該有料老人ホームの居室で生活を継続することが可能です。（有料老人ホームの職員が安否確認や計画作成等を実施し、**介護サービスは委託先の介護サービス事業所が提供**します。特定施設入居者生活介護の指定を受けていない有料老人ホームについては介護付と表示することはできません。）
住宅型有料老人ホーム（注）	**生活支援等のサービスが付いた**高齢者向けの居住施設です。介護が必要となった場合、入居者自身の選択により、地域の訪問介護等の介護サービスを利用しながら当該有料老人ホームの居室での生活を継続することが可能です。
健康型有料老人ホーム（注）	**食事等のサービスが付いた**高齢者向けの居住施設です。介護が必要となった場合には、契約を解除し退去しなければなりません。

注）特定施設入居者生活介護の指定を受けていないホームにあっては、広告、パンフレット等において「介護付き」、「ケア付き」等の表示を行ってはいけません。
※厚生労働省ホームページ「有料老人ホームの設置運営標準指導指針について」より（太字は筆者による）

ホーム◇◇	☆☆ケア	○○ガーデン
2014/09/01	2009/10/01	2005/11/01
特定施設入居生活介護の提供を受けるご入居者が自立した生活を営むことができるように。	介護·看護·医療が一連に機能するよう診療所と提携。安心の住まいをコンセプトに。	利用者の自立支援と日常生活の充実のために、適切な技術を持って介護を行う。
84人	86人	86人
20人	19人	14人
104人	105人	100人
99%	81%	83%
780万円	900～1060万円	580～1160万円
0%	0%	30%
5年	60カ月	72カ月
6万円	16万円	6万5千円
6万円	6万6千円	6万4千円
48人	40人	36人
10人	6人	7人
15人	7人	8人
⋮	⋮	⋮
0%	42.9%	66.7%
9人	8人	15人
なし	あり	あり
なし	なし	あり

図26　介護付き有料老人ホームの検索

<table>
<tr><th colspan="3">事業所名</th><th>△△ホーム</th><th>××ライフ</th></tr>
<tr><td colspan="3">事業の開始年月日</td><td>1985/04/01</td><td>2015/04/01</td></tr>
<tr><td colspan="3">運営方針</td><td>「真心こめたサービス」をコンセプトに、日常生活全般に渡るサービスの提供を。</td><td>介護保険法の趣旨に従い、入居者の意志と人格を尊重したサービスに努める。</td></tr>
<tr><td rowspan="3">入居者数</td><td colspan="2">要介護１～５</td><td>38人</td><td>109人</td></tr>
<tr><td colspan="2">要支援1～2及び自立</td><td>85人</td><td>8人</td></tr>
<tr><td colspan="2">合計</td><td>123人</td><td>117人</td></tr>
<tr><td colspan="3">入居率</td><td>77%</td><td>84%</td></tr>
<tr><td colspan="3">入居一時金（1人入居の場合）</td><td>3163万円</td><td>2000万円</td></tr>
<tr><td colspan="3">初期償却率</td><td>15%</td><td>10%</td></tr>
<tr><td colspan="3">償却年月数</td><td>15年</td><td>10年</td></tr>
<tr><td colspan="3">管理費</td><td>14万円</td><td>3万円</td></tr>
<tr><td colspan="3">食費</td><td>6万円</td><td>4万円</td></tr>
<tr><td rowspan="6">従業員情報</td><td colspan="2">介護職員数</td><td>28人</td><td>38人</td></tr>
<tr><td rowspan="4">介護職員の経験年数</td><td>１年未満</td><td>1人</td><td>14人</td></tr>
<tr><td>１～３年未満</td><td>4人</td><td>10人</td></tr>
<tr><td>⋮</td><td>⋮</td><td>⋮</td></tr>
<tr><td>５年以上の割合</td><td>57.7%</td><td>0%</td></tr>
<tr><td colspan="2">介護職員の前年度退職数</td><td>2人</td><td>20人</td></tr>
<tr><td rowspan="2">サービスの提供に関する情報</td><td colspan="2">利用者の意見等を把握する取組</td><td>あり</td><td>あり</td></tr>
<tr><td colspan="2">第三者評価の実施状況</td><td>あり</td><td>なし</td></tr>
</table>

※厚生労働省ホームページ「介護事業所・生活関連情報検索」を参考に簡略化して作成。事業者名・データは架空のもの

そこで、検索条件を、「サービス〈施設の分類〉」〈特定施設〈有料老人ホーム〉〉と、「事業所の所在地」〈自宅のある区内〉、「入居定員」〈100人以上〉の三つだけ指定してみました。検索してみたところ、5件の施設が該当しました。

このサイトは、施設のみならず、訪問介護やデイサービスなどあらゆるカテゴリーのサービスが登録されており、検索方法は少し複雑ですが、データベースに登録されたさまざまな項目について各施設を比較できます。

以下では特に注意して見ていただきたい項目を紹介していきます。

「△△ホーム」という施設は、「入居者数」が123人となっています。この内要支援および自立の人が85人、要介護の人が38人なので、自立の人がある程度住んでいると推定できます。仮に9割以上の人が要介護だとしたら、実態は介護専用施設になっていると思ったほうがよいでしょう。

下を見ていくと「入居一時金」の額が分かります。1人入居の場合で3163万円とけっこう高額です。

さらに下を見ると、この入居金に対する「初期償却率」が出てきます。

初期償却率とは、入居後すぐに事情があって退去したり死亡したりすることになったとしても、「この分だけは初期償却されるため、入居一時金から返却されません」という割合のことです。この施設は15％ということが分かりました。

この初期償却率の15％を除いた残りの金額が償却される期間が「償却年月数」です。この間に退去した場合は入居金の未償却部分相当額が返金されることになります。

初期償却率や償却年月数は経営の考え方を反映しているので、一概に、初期償却率が低ければ良い、償却年数が長ければ良いとはいえない面もあります。途中で退去することのないように、納得して決めることが大事です。

次に月額費用を見ていきましょう。この施設では「管理費」が14万円、「食費」が6万円となっています。

経営状態に関することも、いくつか読み取れます。参考になるのが、まずは「入居率」です。入居率とは定員数に占める実際の入居者数の割合です。募集開始間もない施設はともかく、長い間運営しているにもかかわらず、例えば7割の入居率であったら黒字になるでしょうか。低い所は要注意です。

もう一つは「従業員情報」、職員に関する項目です。

「介護職員の経験年数」が浅い職員が多い施設は、職員の入れ替えが多いという予想ができます。また、「介護職員の前年度退職者数」を見れば、何％の職員が辞めたか、つまり離職率が分かります。

「特定施設」の離職率・採用率は共に平均で20％程度とかなり高くなっています（２０１６年度介護労働実態調査〈介護労働安定センター〉）が、これでは平均の施設でさえ、５年もしないうちに職員がみんな入れ替わってしまうことになります。退職者数から、離職率を把握し、できれば一桁％の施設に絞り込みたいところです。

また、最後に「サービスの提供に関する情報」というデータも出てきます。

その中の「利用者の意見等を把握する取組」では、入居者の相談システムがあるかないかということが分かります。「第三者評価の実施状況」に該当していれば、第三者の評価を受けて公開しているということなので、サービスの質にある程度の自信があることがうかがえます。

このように、とても活用度の高いホームページです。ぜひ試してみてください。

ともあれ、比較する候補の施設が見つかりました。この後の検討の基本ステップは、

③どの施設が自分にふさわしいか、自分の選択基準をつくる
④候補施設を比較しながら、選択基準に適う候補を絞り込む

となっています。この後に、選択基準についてお話ししますが、選択基準をつくる前にも、このステップで見つけた候補施設に行って調べてみましょう。実際に見学したり、質問をしたりすることによって、自分自身の選択基準をつくる上でも、参考になることがたくさん見つかるはずです。

自分だけの基準をつくる

検討の基本ステップの③には、「どの施設が自分にふさわしいか、自分の選択基準をつくる」とあります。この「選択基準」についてです。

実際に施設を選ぼうとすると、「こんなことができる所がいい」「こんな施設は嫌だ」ということがたくさん出てくると思います。しかし普通の賃貸や分譲住宅を探す場合と同様に、すべての希望を叶える施設に出会うことは、まずないでしょう。

普通の住宅を選ぶ場合は、希望を並べて、優先順位を決めて、どの物件がいちばん合っているかという比較検討をするはずです。

その中には「〇万円の予算を超えない」というような、絶対守らなければいけない条件（「Must条件」）があります。また、「できるだけ広い部屋がいい」「駅から近いほうがいい」という相対的な希望（「Want」と呼びます）もあります。これらの条件や希望に優先順位を付けて、自分の選択基準を持っているから、選ぶことができるのです。

決めるということは複数案からの選択にほかなりません。施設選びにも自分自身の選択基準を持つことが大切です。ましてや、自分のための〝終のすみか〟選びです。普通の住宅選びや、要介護の親を入居させる施設選びとは異なる条件があるはずです。

Must条件①最期まで守ってもらえる

まず、〝終のすみか〟のMust条件とは何かを見ていきましょう。

すでにお話ししたように、〝終のすみか〟であるためには、「最期までお守りします」という約束（コミットメント）があるということが、真っ先に求められます。入居時には健常な方でも、その後認知症になって人に迷惑を掛けるようになるかもしれません。だから退去させられるというのでは、安心して入居することはできません。

契約時に退去させられる条件があるなら、しっかりと聞いて、自分には該当する恐れがあるかどうか確かめるべきだと思います。

また、重度の介護状態になっても、その人らしいＱＯＬ（暮しぶりや生活の質）を維持する介護を提供してほしいと思うものです。

この「最期まで守ってもらえる」という基本の考え方を持つと、そのためにどんな条件が揃っていないといけないかという判断ができるようになります。

Must条件②経営が安定していること

「最期まで守ってもらえる」ためには、何といっても経営母体が破綻《はたん》しないことです。不動産購入であれば自分の資産が残りますから、購入した会社が潰れたとしても問題はありませんが、施設の経営母体が破綻すれば、最期まで守ってもらうことはできません。

入居者にとっては、自分が入居している施設の倒産というのは絶対にあってはならないことです。〝終のすみか〟として選んだ以上、最期まで住み続けることができるのでなければ意味がありません。清水の舞台から飛び降りたつもりで払った入居金が返ってこない可能性もあります。

倒産とまでいかなくても、事業収益の悪化によって運営者が変わるようなことがあれば、自分が契約する決め手となったその施設のメリットがなくなってしまうという恐れもあります。

また、経営の安定は介護の質にも密接に関わってきます。経営不振は職員の勤務条件や処遇条件の悪化を招き、経営不安は職員のストレスを高めます。その結果として離職率を高めることになります。介護職も医療職と同様、長く勤務してこそさまざまな技術の定着があります。職員が数年も経たずに辞めていくような職場では、技術の習得もままならないと思います。

施設の経営、あるいは運営母体の経営が安定していることが、サービスの継続の絶対条件です。

Must条件③価格体系が明確であること

最期まで住むということは、施設に対して継続的な支払いが求められるということです。元気なうちに用意したお金と、老後の収入で間に合わせることができるのでなければ、安心な老後とはいえません。毎月の支払いに当てる蓄えが底をつくかのではないかと心配していては、本来喜ぶべき長生きが苦痛の種になってしまいます。

そのお金を用意できることはもちろんですが、入居時に、最期まで支払えるかどうかきちんと判断ができなければなりません。つまり、終身に渡る費用の見積りができることが必要です。

これは金額が高いか安いか、という問題ではありません。月々の費用が一定の額に定められていて、蓄財や年金などの固定的収入でまかなえる見通しが立てられるかどうかということです。

入居時に計算した以外に、想定外の出費があるようでは困ります。「食材が値上がりしたから食費が1割上がります」「人件費が上がったので管理費が上がります」などということになったら、そもそもの計算が狂ってしまいます。

また、どんなサービスにいくらかかるのかも明確でなければいけません。風邪などで寝込んだときに食事を運んでもらうことや、病院への付き添いには別途お金が必要なのか、かかるとしたらいくらなのかといったことも、はっきりと分かる価格体系であることが重要です。

有料老人ホームにおける「相互扶助の仕組みを持ったビジネスモデル」（183ページ）で紹介したように、助けを必要とする程度に関わらず、固定の金額を払えばサービスを受けられる体系になっていると、終身に渡って必要な費用の見積りをより明確にすることができます。

Must条件④病気や看取りに対応してもらえること

当然ですが、年を重ねると医療が必要になることが多くなってきます。

〝終のすみか〟を選ぶ際、要介護状態に対するサービスだけを考えてしまいがちですが、病気やケガというリスクへの対応も重要な判断要素となります。持病のある人ならなおさらです。

具体的には、病気やケガをしたときにすぐに見てくれる病院が施設の近くにあるかどうか、そして病院に行くとき職員による付き添いや送迎のサービスがあるかどうかです。医師や看護師と連携した見守りや介護が充実していることも必要でしょう。

若い頃は想像しづらいですが、病気を抱える高齢者が一人で病院へ行くのは、かなり辛いことです。それに、動けなくなってしまうようなケガをする可能性もあります。また、高齢になると医師の話がよく理解できなくなることがあります。そんなときに職員が付き添ってくれて一緒に話を聞いてもらうことができたら心強いでしょう。

そして、〝自分の終い方〟を考えていく上で、避けることができないのが、「看取り」の問題です。自分の臨終に立ち会う家族や、最期を託せる人がいなければ、〝終のすみか〟とした施設の人たちにお願いすることになります。

近年「延命治療はしないでほしい」「安らかに逝きたい」という考え方も広まりました。あなたの考え方や希望に沿って、「看取り介護」をしてもらえるのか、どこまで希望を聞いてもらえるのかも、しっかり聞いておきたいものです。

Must条件⑤元気なうちに入居できること

〝終のすみか〟へは、遅くとも引越しができる「不安とリスクのステージ」の間に住み替えたいものです。さらに早く、「元気で当たり前のステージ」のうちに入居すれば、早くから将来の不安なく、残された人生の楽しみに集中することができます。
ただし、この条件は「自立入居が可能」というだけでは満たされません。自立入居を謳っていながら、入居してみると大半の入居者が要介護状態にあり、元気な人同士のお付き合いができないとなったらどうでしょうか。やはり、先に紹介したアメリカのリタイアメントコミュニティのように、早く入居したら元気な暮らしを楽しめるコミュニティであってほしいという希望（Want）もあるのではないでしょうか。

以上が五つのMust条件です。自分で、自分のために選ぶ〝終のすみか〟を比較検討する上での最低条件、あるいは必須項目だと捉えてください。この上に、自分らしい老後を送るためには、どのような希望や要望があるかを考えていきましょう。

自分のWantは何か

Must条件に加えて、自分だけの希望や要望（Want）が適う条件が揃って初めて〝終のすみか〟選びの基準ができ上がります。

読者のみなさん自身が譲れないのはどんな要素でしょうか。

地元に根付いた暮らしをしている方なら、自宅の近くの施設といった条件になるかもしれません。一人でいるのが好きな方なら「他人に干渉されずに暮らしたい」といった条件もあるでしょう。

ほかにも、

- ●持病があるから、専門医のいる病院の近くが望ましい
- ●気の合う仲間をつくって楽しく暮らしたい
- ●楽器を演奏するので、気兼ねなく練習できる環境が欲しい
- ●水泳が好きなので、プールのある施設でないと困る

●陶芸をやってみたいので、陶芸室のある所がいい
●毎日温泉に入りたいので、温泉のある施設がいい
●カラオケ三昧の生活をしたい
●部屋にいるときだけでも喫煙したい（できればやめることをお勧めしますが）

など、人それぞれ自分なりのWantを持っているものです。

ただ、思い付くままにWantを並べてしまっては、収拾がつきません。自分が老後を暮らす上で外せない条件は何なのかを決め、それ以外の部分に関しては、代替可能な楽しみを見つけるというような柔軟性も持ちたいものです。

Must条件とWantの評価表で絞り込む

検討の基本ステップ④には、「候補施設を比較しながら、選択基準に適う候補を絞り込む」とあります。ここでは、候補施設をどのように評価して絞り込むのかについてお話しします。

選択基準に照らし合わせて、高い評価になった施設が最後まで残るはずです。例えば五つの候補の中から二つに絞り込んだら、体験入居をして、実際に暮らしたつもりになって、どちらにするか最終決断をすることもできるでしょう。

ここでは複数の候補施設を評価して比べる方法をご紹介いたします。事例を図27に示しましたのでご覧下さい。

この表では各候補施設の合計点が計算されていますが、その評価点がどのように導かれたのか、最終的に自分が決めた条件や希望を最も満たしているのはどの施設なのかが可視化できるようになっています。

横軸には候補施設を、縦軸には選択基準を書き込みます。どちらかと言えば、大事なのは横軸よりもMust条件やWantのある縦軸です。

〝終のすみか〟選びは、自分で決める人生最大のイベントともいえます。自分の選択が間違いではなかったと言うためには、老後をどう生きて、どう終うかが大事です。そのためには、自分が導き出した選択基準をどうしても明らかにしておく必要があるのです。

では、具体的な比較方法を見ていきましょう。自分が最も重視している条件を

図27　Must条件とWantの評価表による比較

		候補1		候補2		候補3		候補4		候補5	
		施設「A」		施設「B」		施設「C」		施設「D」		施設「E」	
評価項目（Must条件とWant）	重み付け	評価	獲得点数	評価	獲得点数	評価	獲得点数	評価	獲得点数	評価	獲得点数
❶経営基盤が安定している	Must	○		○		○		×		○	
❷生涯に渡って費用を支払える見通しが立つ	Must	○		○		○				×	
❶経営基盤が安定している(Wantでも設定)	10	7	70	10	100	7	70				
❸自立で入居して、「元気で当たり前のステージ」を過ごせる	10	7	70	5	50	10	100				
❹元気なうちに「仕事終い」に手を打ちたい。入居してからも仕事を継続できる	10	10	100	8	80	5	50				
❺食事がおいしく、健康に配慮されている	8	10	80	8	64	5	40				
❻コミュニティの居心地がよい	8	10	80	10	80	8	64				
❼自立期も要介護期も、安心できる援助や介助が期待できる	8	10	80	8	64	5	40				
❽看取りや葬儀などを託せる	8	7	56	10	80	5	40				
❾健康寿命を延ばす具体的な提案やサービスがある	5	5	25	10	50	7	35				
❿友人知人の多い地域から近い立地	3	10	30	5	15	10	30				
合計得点			591		583		469		不採用		不採用

上から順に並べます。絶対に譲れない条件は「Must」と表現されています。

ここでは以下のようなMust条件が並んでいます。

❶経営基盤が安定している（Must条件）
❷生涯に渡って費用を支払える見通しが立つ（Must条件）

このあたりについては、すでにお話ししました。ほかにも必要な条件があれば入れていきましょう。

Must条件に適わないと、その段階でその候補施設は選択不可。それ以上の評価は不要となります。事例では「施設D」、「施設E」の判断がそうなりました。

それ以下の選択基準には、絶対に譲れない条件ではないけれど、自分が適えたい希望（Want）が並びます。Wantには、重要視する度合いを付けます。表の中で「重み付け」とあるのは、自分がその条件をどれくらい重要視しているかを10段階で評価したものです。

事例では以下の希望（Want）が並んでいます。

❸自立で入居して、「元気で当たり前のステージ」を過ごせる
❹元気なうちに「仕事終い」に手を打ちたい。入居してからも仕事を継続できる
❺食事がおいしく、健康に配慮されている
❻コミュニティの居心地がよい
❼自立期も要介護期も、安心できる援助や介助が期待できる
❽看取りや葬儀などを託せる
❾健康寿命を延ばす具体的な提案やサービスがある
❿友人知人の多い地域から近い立地

❸、❹を見ると、仕事を抱えながら元気なうちに入居し、安心をして「仕事終い」に手を打ち、その後コミュニティでの暮らしへシフトをしようという生き方を目指していることが分かります。

相対的に、❿が低い重み付けになっていますが、この事例では友人知人の多い地域に限定して候補施設を探したところ、該当する候補が少ないことが分かりました。そこでやむを得ず重み付けの点数を下げて、もっと広い地域から候補施設

を探すことにしました。

もう一つ、評価基準について説明します。Must条件にもWantにも、「❶経営基盤が安定している」を入れています。このMust条件をクリアした3施設「A」、「B」、「C」についても、相対的に経営基盤の安定度を評価したいときには、重み付け点数を10点として比べます。

以上の評価基準を設定したら、横軸に並べた候補施設を評価していきます。その評価項目（Want）ごとにどの施設がいちばん良さそうか、「評価」欄に10段階で点数を付けます。その横の「獲得点数」は「重み付け」と「評価」点数を掛け算したものです。

自分で評価するわけですから、「評価」の点数は、自分が感じたところを大胆に入れていきましょう。ただし、候補施設を知らないと評価点数を付けられないことも確かです。選択基準を念頭に置いて、施設を何度も調べに行くくらいの気持ちが欲しいと思います。施設を知れば知るほど、その施設の良さも、気になる点も出てくるはずです。

さあ、最終的に候補施設の「合計得点」は、どのようになったでしょうか。

施設「A」と「B」が僅差で競り合い、「C」には100点以上の差を付けました。この段階で、「C」は不採用と判断していいでしょう。「A」は「B」をわずかに上回っていますが、この差ではどちらが良いとは言えません。両方を残して最終判断に進むことになりそうです。

以上、候補施設を評価して選択するという決め方を紹介しました。この評価表を作っておくと、評価基準に適う施設が見つからなければ、納得するまで評価候補を探すことも、少し評価基準を緩めることもできます。また、見学や体験入居によって、これまで気がつかなかったWantが見つかることもあるでしょう。満足する決定ができるまで作業を繰り返して、最終的な選択をするようにしましょう。

ここから、以下の基本ステップが続きます。

⑤候補を絞り込んだら、納得がいくまで確かめる

⑥入居後の暮らしのイメージが広がるように、体験入居でシミュレーションする

ぜひ、絞り込んだ施設について、納得がいくまで確かめ、実際に泊まって暮らしぶりを疑似体験して、最終的な判断をしましょう。

施設の「日常」で感じることを大切に

体験入居は外せない

ここでは、施設見学や体験入居のことについて触れたいと思います。最初に候補施設を調べるときにも、あるいは、いくつかの候補を絞り込んだ後にさらに確認するためにも、実際に施設に出掛けましょう。「百聞は一見にしかず」です。

そのときには、ご自身が入居する利用者の視点で、施設の「日常」を感じることを大切にしていただきたいと思います。そのような狙いから、いくつかの留意点をまとめてみました。

個別見学だと、「一人で行ったら、強引に入居を勧められて断り切れないのでは？」という不安もあるでしょう。もしもそう感じたなら、まずは多くの人が集まる見学会に行ってみましょう。そしてご自身のペースでより詳しく知りたいと思ったら、個別見学を申し込むようにするといいでしょう。

その上で見学だけでは終わらずに、ぜひ体験入居をしてみてください。中には「見学会で分かっているから大丈夫」という方もいますが、この過程は絶対に外してはいけません。

「ゆうゆうの里」では、入居希望者の方には必ず体験入居をしていただいています。一泊二食（夕・朝）付きで３０００円などとリーズナブルです。なぜこのような料金設定にしているかというと、何度も体験入居して施設の雰囲気を肌で感じ、「こういう施設なんだ」と納得して入居していただきたいからです。満室で体験入居する部屋がない場合には、代わりに、ゲストルームなどに泊まって施設内の暮らしぶりを体験できるプランを提案しています。

施設にとってのゴールは「入居してもらうこと」ではありません。毎日の生活に満足し、納得できるかどうかが大切です。「入居して良かった」「毎日が楽しい」と言っていただいて、初めてゴールしたことになります。

また、入居者の側から見ても、入居をゴールにしてはいけません。〝終のすみか〟を決めるということは、言ってみれば施設に入居する権利を購入するということです。この「買い物」は普通の商品を買うのとは全く性質の異なるものです。

施設への入居金が3000万円だとします。仮に同じ3000万円を払って高級車を購入するとしたら、買った時点で目的が達せられます。最初にハンドルを握って走り出した瞬間が、満足度のピークではないでしょうか。

しかし施設への入居は違います。実際に入居して、コミュニティに溶け込み、日常生活を楽しく送れると確信したときに、「良かった。ここに入居して満足」となるわけです。

そのためには、施設で「日常」を送ってみることが大事です。ほかの入居者の人たちと食事や入浴をし、彼らが楽しそうに暮らしているか、職員たちがどのように入居者たちに接しているかを肌で感じることで、自分もそこで暮らせるかどうかが初めて判断できます。

例えば「有料老人ホーム」の中には、高級ホテルのような雰囲気の食堂で、入居者の方が毎日ドレスを着て食事をするようなところもあります。それが合っているか、もっと日常的な雰囲気を大切にするかは、人によってさまざまです。そうした雰囲気も、体験入居で感じることができます。

お風呂に入ったら周囲を気にせずシャワーを撒き散らす人がいた、夜中に別の部屋からバタバタと物音が聞こえる。そんなこともあるかもしれません。

また、「これだけは続けたい」とか「こんなことをやってみたい」という希望(Want)が叶うかどうかも、見えてくると思います。施設によっては趣味のサークルなどが充実している所もあるので、参加してみたら新しい発見があるかもしれません。

「体験入居までさせてもらったから、早く入居を決断しなくては」と思う必要はありません。同じ施設でも夏と冬では感じ方が違います。夏場は涼しくて快適でも、冬場は寒くて、こんな所では生活できないと思うかもしれません。納得するまで、何度も繰り返せばいいのです。それを拒む施設であれば、〝終のすみか〟とはなり得ないと判断すればいいのだと思います。

ケアプランを確認

介護に対する施設の姿勢を知るために、施設で介護サービスをテーマにした説明会などが開かれていれば行ってみましょう。

通常の見学などでも、可能であれば介護を行うケアセンターを見せてもらうといいでしょう。環境、スタッフの表情、生活の匂いなど、要介護状態で暮らす自分を想像してみることができます。感覚での判断も大事です。もちろん、そこで要介護の方々が暮らしていますので、プライバシーの侵害がないように配慮が必要です。

そして、できればケアプランを確認してほしいと思います。

ケアプランとは要介護状態になったときに、援助によって自立した暮らしができるように、ケアマネージャーらが作成する計画です。リハビリが必要な人の場合、どこまでの機能回復を目標としているのか、そのためには日々何をすべきかが書かれています。

このケアプランがどのような考え方で出来ているか、一人ひとりのためにしっかりと作成されているか説明を聞いてみてください。

ひと口に「要介護3」や「要介護4」といっても、人によって心身の状態は異なります。同じ要介護度でも、足腰に問題があって介護が必要な人と、認知症で介護が必要な人とでは、必要としている介護の内容が全く違います。それが「個別ケア」と呼ばれるものです。

それにもかかわらず、「個別ケア」や「手厚い介護」を標榜しながら、誰もが同じようなケアプランとなっていたら、いかがなものでしょうか。

「ケアプラン事例を見せてください。その考え方を説明してもらえますか」と言って施設側が渋るようであれば、個人に合わせた介護の質に自信がないのだという判断ができます。

高齢者の身体の状況は毎日変化します。その変化する状況によって、介護の内容は変わっていくはずです。例えば、明日退院して戻ってくる入居者がいたら、遅くとも今日までのうちに、ケアプランが立案されて、明日からの受け入れができる体制になっていなければなりません。そのような仕事の仕組みが確立しているかも聞けるといいでしょう。例えば半年に一回しか更新しないというようなことでは実務に使われているケアプランではないと考えられます。

Wishを引き出し、Wantに変えてくれるか

第1章で、あきらめかけていたゴルフを楽しめるようになった女性のお話をしました。

この事例は、「できることならゴルフを続けたい」という女性のWishをスタッフが引き出し、スポーツトレーナーの支えで「やってみよう」というWantへと育て上げた事例としてご紹介しました。

「ゆうゆうの里」のスタッフは、入居検討中の方に「ここでどんなことを始めたいですか」という質問をよくします。

中には、明確に目標や生き甲斐をもって入居される方もいますが、老後の安心だけを目的にしていて、何をしたいかということまでは考えていない方もいます。

自分の中に閉じ込めていた小さなWishはたくさんあるはずです。

入居検討者の方の中には「門限はあるのか」「食堂で晩酌をしてもいいか」とお聞きになる方もいらっしゃいます。もちろん、普通の住まいと同じですから、門限はありません。酔っぱらっても大丈夫です。もっともっと自分のしたいことを「やってみたい」という願望にしてほしいと思います。

「ゆうゆうの里」には「コンシェルジュ」という役割のスタッフがご相談を受けて、ご入居者様の「やってみたい」を後押しします。

入居者の満足を第一に考える施設のスタッフであれば、「この人は何をしているときが楽しいのだろう」「何とか実現させてあげる方法はないだろうか」と考えます。自分の要望を聞いてもらったり、相談に乗ってくれたりするスタッフがいるか、実際にそうした光景が日常の中に見られるか、ほかの入居者の話を聞いてみるのもいいでしょう。

健康寿命を延ばそうとする理念があるか

健康寿命を延ばすための課題の一つとして、高齢者の「生活不活発病」への対策があります。生活不活発病とは、体を動かさない生活（＝生活が不活発な状態）が続くことにより、心身の機能が低下して体を動かしたくても動けない状態になることをいいます。

そうした点から、体力や筋力の維持は、〝豊かな老後〟のためには欠かせません。入居者の健康・体力づくりに積極的に力を入れているかを見ておく必要があります。ただ、それは生活不活発病の防止という消極的な理由だけでは楽しくありません。もっとやりたいことをやり、行きたいところへ行くためと考えましょう。

もちろん、どの施設でも健康促進を呼び掛けています。しかし、スポーツジムがあっても、誰も運動していないのでは意味がありません。体力・健康づくりのソフトが大事です。

ソフトを大切にする施設では、希望者を対象に、その人の体力や目的にふさわしいプログラムを組んでトレーニング指導を行ったりしています。

また食事についても、適切な栄養素とエネルギー量、塩分の食事を提供しています。自宅にいるときよりも入居してからのほうが健康になったという方がたくさんいます。

ただ、入居者が何歳まで生きても入居金の額は変わらないことから、施設が採算ばかりを考えていれば、積極的に費用をかけることはできません。それでも入居者の健康推進を図るということは、しっかりした理念があってこそできることなのです。

コミュニティが自分に合っているか

施設というコミュニティにはそれぞれに特有のカラーがあります。

プライバシーの尊重を何よりも大切にしていて、ほかの入居者とほとんど顔を合わせずに生活できることを売りにしている所もあれば、入居者同士の触れ合う機会が多いことを売りにしている所もあるなど、さまざまです。

人付き合いが好きでなく、なるべく他人と関わりを持ちたくない人は、入居者同士のコミュニケーションを重視する施設には合わないでしょうし、その逆も然りです。

まずは候補となった施設がどのようなカラーを持っているのか、肌で感じるようにしましょう。

コミュニティの本当の雰囲気が分かるには、やはり時間がかかります。また、入居者にとって、最初にコミュニティに溶け込むまでが、やはり大きなストレスになるようです。

その意味でも、体験入居を繰り返すことをお勧めします。何度も顔を合わせることで、次第に気心が知れてきます。中には、入居した時点ですでに友達ができていて、まるで何年もいたかのように打ち解けている方もいらっしゃいます。

ぶれないための三つのポイント

これまで自分の目で確かめて、評価し、決める方法について考えてきました。大変な選択ですが、最後は「ここに決めて良かった」と満足したいものです。それには自分が主体になって決めることが大切であると、本書を通して訴えてきたつもりです。〝自分の終い方〟を自分で決めようとする読者のみなさんであれば、きっとお分かりいただけたと思います。

それでも、周囲にはいろいろな意見がありますから、聞いているうちに判断に自信がなくなったりすることがあるかもしれません。そうしたとき、冷静に判断していただくために、ここで、「ぶれないための三つのポイント」を補足しておきます。

①メリットとデメリットを比較して決めない

例えば、「施設Aには、温泉が付いているというメリットがあるが、部屋が狭い。施設Bは、部屋は広いが温泉が付いていない」。複数の候補について、このようにメリットやデメリットだけで比べて考えると、どれを選んでいいか分からなくなります。

そもそもメリットやデメリットは、そこに住んでどんな暮らしをしようと考えているかによって変わってきます。ある人にとってはメリットになっても、別の人にとってもメリットになるとは限りません。施設の人にメリットを説明されても、それが自分のメリットになるかどうかは自分で判断したいものです。「Must条件とWantの評価表」を作ることには、そういう自分の目を養う効果もあります。あくまで「選択基準の条件が満たされるか否か」という視点で考えていきたいものです。

②「他人がつくった基準」はその意味を理解する

一般的な施設選びの基準として、何人の要介護者に対して、1人の職員が付くかという配置基準があります。例えば、標準の「3：1」以上の「2：1」であれば手厚い配置ということができます。

しかし、手厚い配置だから大丈夫と鵜呑みにはしない姿勢も必要です。このような指標がどのような意味を持っているのか、自分が受けるサービスとしてどのようなメリットを受けられるのかを確認してください。

要介護者に対する職員の数が多いからといって、その分手厚い介護を受けられるとは限りません。どんなサービスが提供されるかどうか確かめて、候補施設を比べてほしいと思います。これが本来のお客様の視点ではないでしょうか。

これは一つの事例ですが、「それが大事だと言われているから」という外側からの基準をそのまま考えるのではなく、自分に与えられるメリットに置き換えてから、評価をするようにしましょう。

③目に見えるもので決めない

プールがある、建物が新しい、部屋が広い、入居金が安い。人はそうした「目に見える」もので決めてしまいがちです。しかし、何度もお話ししたように、自分が何をしたいのか、どう暮らしたいのかを決めて初めて、これらの「目に見えるもの」が活かされるかどうかが決まって来ます。

施設の「日常」で感じることを大切に、と前述しました。本当に大事なのは、入居者が生き生きとした表情で暮らしているか、スタッフが素敵な笑顔をしているか、会話の中に生きることへの励ましや心遣いが感じられるかというような、見ようとしなければ見えない部分なのかもしれません。

施設を決めた後は

部屋から決めない

どの施設にするかを決めたら、基本ステップ⑦「予算に適う部屋を決める」。空室がなければ待機登録をする」に進みます。この順番が逆にならないようにしましょう。つまり、施設として選ぶ決心ができないうちに、部屋から決めてはいけないということです。

こう言うと、「部屋を決める過程が、ずいぶん後ろ過ぎませんか」というご意見をいただきます。そう思われる方には、以下の2点を考えていただきたいと思います。

まず、普通のマンションを買うときには、部屋の良し悪しは真っ先に検討する課題となると思います。しかし、最後まで人生を送る〝終のすみか〟では、自分が住むコミュニティとして先に検討しなければならないことが山のようにあるからです。

もう一つは、自立のうちに選ぶからです。介護が必要になって切羽詰まって入居先を探す場合と違い、時間的に余裕があります。いまは満室であっても、待機登録をして空室ができるまで待つことができます。

部屋がいいと思って決めても、コミュニティに不満があれば、最初からやり直しになります。「部屋から決めない」とはそうした意味です。施設が決まってから、部屋を決めましょう。

すでに、最後まで暮らすための費用は大まかに計算しているはずです。その計算では、部屋タイプ（広さ）を仮に決め、その入居金や賃料を前提にして、予算の目処を立てているのではないでしょうか。その予算以内に収まる部屋を選びましょう。予算的に無理な部屋は選ぶべきではありません。

自宅を売却する場合

ここからは、資金の準備のお話です。すでに退職していて、それからでも資金準備ができる人は幸せです。しかし、そのようなお金持ちばかりではありません。〝老後の住まい方〟三択を決め、計画的に資金を蓄えていくようにしたいものです。

ある女性は、「独身だから将来困らないようにしたい」と、現役時代に三択の中から「元気なうちに施設へ」を選びました。「あのとき決めたからコツコツと貯めて入居することができました」と話してくださいました。このような方は決して少なくありません。

ここではもっと短期の資金づくりとして、自宅を売却して入居金に充てる場合を考えてみましょう。

債権を現金化するのと違い、自宅売却が厄介なのは、現金化するために自分の住む場所がなくなる点にあります。その対策をしなければいけません。希望する部屋が空く前に自宅売却をするのであれば、一時的な仮住まいが必要になります。

希望の部屋が空いていれば、仮住まいをすることなく入居できますが、手元の資金で入居金を支払うことになり、入居金に充てるだけの資金が足りないかもしれません。

入居までの過程でこのような問題が出てくることもあります。そうしたときは施設のスタッフに相談してみましょう。解決する方法を持っていて、相談に乗ってくれると思います。

引越しに伴う「断捨離《だんしゃり》」

契約が終わればいよいよ引越しですが、その前にやるべきことがあります。施設に移れば、一般的にこれまでの住まいより狭い部屋に住むことになり、荷物処分の問題が起こります。片付けが難しいと感じる人が多く、引越し準備はどなたにとっても頭の痛い問題のようです。また、多かれ少なかれな思い出の詰まったものを処分することにもなりますから、覚悟をしないとできない課題ともいえます。

やはり、〝終のすみか〟への引越しは、人生の一大イベントであることが分かります。施設によっては、入居者がどのように引越しをしたか体験談を聞く機会を設けたりしています。そうした話は、これから入居しようとしている人にとって励みになります。契約が決まって急に片付けをするのではなく、いつまでに、という目標を立て計画的に準備している方が多いようです。

新しく始める生活に必要なもの、どうしても持って行きたい思い出のものを残し、不要なものを捨てていきます。コンパクトなお部屋に移り住んだ後も、奇麗にして上手に暮らしている方がいらっしゃいます。お話を伺うと、モノへの執着から離れて、本当に必要なものを見極めることができるようになったそうです。すっきりとした暮らしの中に楽しみを見い出していることが伝わってきます。「まさに〝断捨離〟だなあ」と感心します。

以上で、基本ステップ⑧「引越しに必要な準備をする」までが終わりました。基本ステップ⑨「契約に必要な諸手続の準備をする」を経て、いよいよ入居となります。

契約に至る準備作業については、施設のスタッフから説明があると思います。重要事項の読み合わせなどがありますが、これまで施設を選ぶステップで、自分の絶対条件や望みが叶うかという視点で何度も確認をしてきたはずです。重要事項説明は文書による最終確認と考えましょう。

あなたの決断は？

決断は選択の連続

本書をここまでお読みいただければ、老後の準備がいかに大切か、そしてそれを自分自身で決めなければいけないことが分かっていただけたことと思います。施設への入居は、人生でいちばん高い買い物になるかもしれません。だからこそしっかりと考えなければいけないのですが、腹が決まらないうちに要介護状態になって、考えていた施設に入れなくなるかもしれません。

私たちは、あまり時間の残されていない中、この極めて重要な決断をしなければいけないのです。

決断は、選択の連続です。

自宅か施設か、何歳で入るか、どんな施設にするか、絶対条件は何か、妥協できる要素は何か、自分は何をしたいのか、後を誰に託すのか。

選択の度に、きっと悩むはずです。

一つひとつの判断をしていくためには、大きな勇気が必要です。多くの困難もあるでしょう。

鷹の選択

本書の締めくくりとして、最近、インターネット上で話題になった、ある動画のお話をします。

私もこの動画を見て、大いに励まされました。目の前の壁にぶち当たり悩む若者からも「勇気をもらった」と大いに共感を集めた動画です。

これから〝自分の終い方〟を考える読者のみなさんへのエールに代えて、ご紹介します。

「鷹の選択」というタイトルに続き、大空を飛ぶ鷹の姿に併せて、次のような文章が流れてきます。

鷹の選択

これはある一羽の鷹の物語

その鷹は多くの〝選択〟と多くの〝痛み〟を乗り越え
70年という長い歳月を生きてきました

そう、それは40年を過ぎた頃の事
大きな〝決断〟を迫られることになるのです
その爪は次第に弱くなり
そのクチバシは丸く曲がり
その翼は徐々に重くなる

やがて、飛べなくなってしまいます

そして鷹は2つの大きな〝選択〟を迫られる
1つは、このまま何もせずに死を受入れ、その時を待つのか
そしてもう一つ、その旅は苦しく険しくとも自分探しの旅に出るのか

その鷹は、あえて険しい〝自分探し〟を選びました
そして自らの変化を選択した鷹は山頂に巣を築きます
その後、鷹には幾つかの〝苦難〟が待っています
丸く曲がってしまったクチバシを
自ら岩に叩きつけ壊してしまいます

すると、新しいクチバシが生まれてくるのです
そのクチバシで、弱くなった爪を剥ぎ
重たい羽を全て抜いていきます

こうして半年が過ぎた鷹は
新しい姿に生まれ変わります
そしてまた大空へ羽ばたいていくのです
ここから先は
変化を望んだ鷹だけが
見ることのできる30年です

誰しもが更なる成長を望み
成長したいと願います
変化を望んだ者だけが
昨日の自分より成長する事ができるのです
・・・
ですが
変化には〝不安〟や〝苦痛〟が
待っているかもしれません

ほんの少しの〝勇気〟と
はじめの一歩が
あなたをその先の30年に
導いてくれるでしょう。

この動画はフィクションですが
あなたは何を感じましたか？

あなたは
変化を望む事が出来ます。
あなたは
変化しない事を望むことが出来ます

これから先の〝選択〟が
あなたと

あなたの大切な人に
幸せがあることを
祈っています

Youtube「鷹の選択」より

おわりに

「学校を中途半端にするな。アメリカに戻りなさい！」

私の父が、病の床から苦しみに耐えて起き上がり、最後に末の娘に伝えた言葉です。

私は3人きょうだいの長子です。私にとって父の言葉は留学中で道半ばの妹に「博士号を取らせて立派な学者になるまで支えてやってくれ」というメッセージでした。

当時私は30歳。父が残した事業をどうするかという問題もあり、父が亡くなった悲しさよりも、人生を継ぐ責任の重さを感じたことを覚えています。

その5年後、妹は博士号を取ることができました。

父は自分が残していかなければいけないことを、しっかりと私に託し、また私もそれに応えることができました。

私の母は晩年、「意志を強固に持ってしっかり行動する」と毎日自分に言い聞かせていました。衰えていく不安や恐怖は計り知れませんが、どんな状況に置かれても、真面目に一所懸命に生きてきた母らしいと思いました。

自分のことより家族のために生きてきた母は、そうやって生き切って、母は昨年91歳で、子どもたちに見送られ安らかに逝きました。本当に安らかな最期でした。母に、私も妹たちも「これまで、ありがとう。」と語り掛け、生んで育ててくれた感謝を表しました。

自分でも両親のような最期を迎えたいと思います。

誰にも死は巡ってきます。そのときのことは、誰にとっても未体験の世界です。どんなことが待っているかは、想像することしかできません。しかし、そのときにいい人生だったなと来し方を振り返ることができたら、幸せだと思います。

〝豊かな老後〟とは、詰まるところ、悔いのない最期を迎えるために生きることなのではないでしょうか。

自分のすべきことを見つけて、残った時間を自分らしく、やれることを見つけて、精一杯生きることができれば、最期に「幸せな人生だった」と言えるのではないでしょうか。ある段階で老いと向き合い、少し先回りしてできる準備をしておけば、さらに確かになります。

私は、幸運にも父母、義理の父母の４人共の最期に立ち会うことができました。それぞれから託されたことを精一杯やってきたつもりです。これからは自分たちが、どう生きて、人生を閉じるのかという問題に向き合う番です。私たち夫婦には頼る子どもがいないので、真剣にこの問題に向き合わなければなりません。

本書では〝自分の終い方〟にふさわしい老後の在り方、〝豊かな老後〟の核となる〝終のすみか〟の選び方を中心にお話ししてきました。まさに自分自身の問題でありますが、長年に渡って、コンサルティングをさせていただいている、「ゆうゆうの里」とのご縁があったからこそ、真剣に老後を考えることができるようになったのだと思います。私もたくさんのことを学ばせていただきました。「ゆうゆうの里」のご入居者様、並びに職員の方々には大変お世話になりました。この場をお借りして、厚く感謝を申し上げます。

また、本書の執筆に当たって、総合法令出版の皆様にも大変お世話になりました。編集部の久保木勇耶氏には、強く背中を押していただきました。

そして本書を通して出会った読者の方々に感謝申し上げます。私の拙いお話がみなさんの悔いのない人生の一助になれば、これほど嬉しいことはありません。

2018年2月

高橋寛美

高橋寛美（たかはし・ひろみ）

一橋大学卒。日産自動車、携帯電話事業会社を経て、コンサルティング業界に進出。2001年ワッツコンサルティングを設立、代表に就任。事業戦略とマーケティング、顧客視点による事業改革を得意とし、これまで製造業、サービス業、公的機関、高齢者・介護事業分野などのコンサルティングを手掛けてきた。新たに介護施設向けに特化した新サービスを提供するため、2013年にはIT介護マネジメントを設立し現在に至る。「事業戦略は、絵に描いた餅にしない！」が信条。中小企業診断士。著書に『戦略コンサルタントが書いた介護施設マネジメントの要点』（クロスメディア・パブリッシング、2016年）がある。

自分の終い方　元気なうちに選ぶ“終のすみか”

2018年 3月20日　初版発行

著　者　高橋寛美
発行者　野村直克
発行所　総合法令出版株式会社
〒103-0001 東京都中央区日本橋小伝馬町 15-18
ユニゾ小伝馬町ビル 9階
電話　03-5623-5121
印刷・製本　中央精版印刷株式会社

落丁・乱丁本はお取替えいたします。

ISBN 978-4-86280-606-2
総合法令出版ホームページ　http://www.horei.com/